丝绸之路

〔美〕比尔·波特 著

马宏伟 吕长清 译

四川文艺出版社

图书在版编目（CIP）数据

丝绸之路 /（美）比尔·波特著；马宏伟，吕长清译. — 3 版. — 成都：四川文艺出版社，2018.6（2019.4 重印）
ISBN 978-7-5411-5087-6

Ⅰ.①丝… Ⅱ.①比…②马…③吕… Ⅲ.①游记-作品集-美国-现代 Ⅳ.① I712.65

中国版本图书馆 CIP 数据核字 (2018) 第 077893 号

丝绸之路

[美]比尔·波特 著
马宏伟 吕长清 译

责任编辑	苟婉莹　王筠竹
特邀编辑	张　芹
版式设计	乐阅文化
封面设计	古涧千溪

出版发行	四川文艺出版社（成都市槐树街 2 号）
网　　址	www.scwys.com
电　　话	028-86259287（发行部）　028-86259303（编辑部）
传　　真	028-86259306

邮购地址	成都市槐树街 2 号四川文艺出版社邮购部　610031
排　　版	北京乐阅文化有限责任公司
印　　刷	三河市中晟雅豪印务有限公司
成品尺寸	150mm×230mm　　开　本　16 开
印　　张	20.5　　　　　　　字　数　210 千
版　　次	2018 年 6 月第三版　印　次　2019 年 4 月第三次印刷
书　　号	ISBN 978-7-5411-5087-6
定　　价	49.80 元

版权所有·侵权必究。如有质量问题，请与出版社联系更换。028-86259301

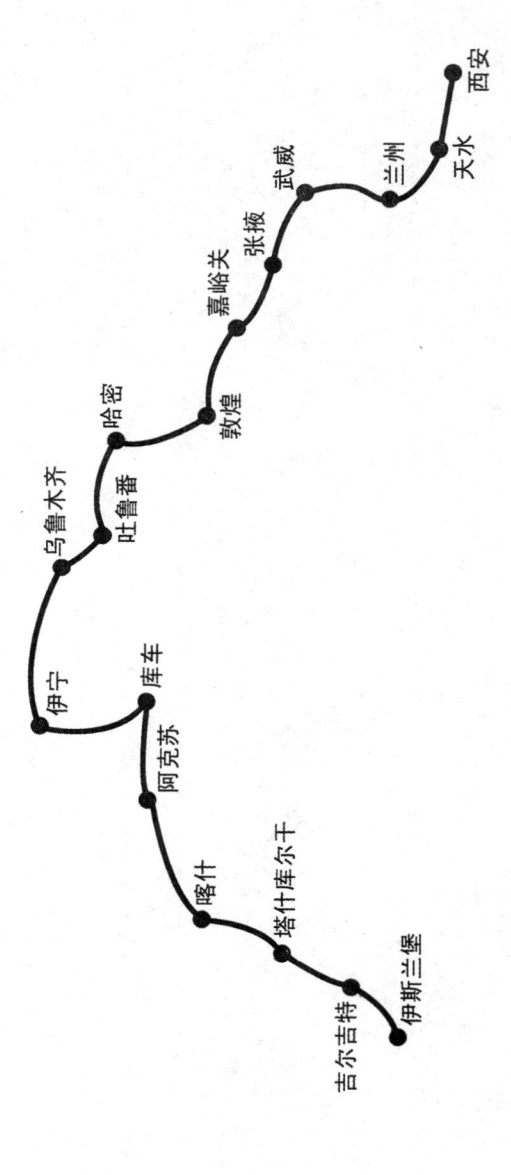

序

"丝绸之路"是因古代中国丝绸的商贸之旅而命名,这条纵横几千公里的商路作为东西方商贸往来的重要路径在人类文明的发展史上扮演了重要的角色。

几千年间,一队队骆驼商队在这漫长的商贸大道上行进,他们穿越崇山峻岭,跋山涉水,将中国的四大发明(造纸、印刷、火药、指南针)、养蚕丝织技术,以及丝绸、茶叶、瓷器等传送到了世界各地;同时,还把中亚的汗血马、葡萄,印度的佛教、音乐,西亚的乐器、天文学,美洲的棉花、烟草等传入中国,从而使东西方文明在交流融合中不断更新、发展。

1992年,我当时正在香港一广播电台主持一档旅游类节目,为了追寻这段古老而神秘的历史,便和朋友芬恩开始了这次"丝路之旅"。

一路上,我们跋涉沙漠戈壁,翻越高山雪原,游历河流湖泊,探访沙埋下的绿洲文明与干涸河流旁失落的古城,倾听丝路沿线居民讲述不朽的民族神话传说及民族间的征战与融合……这一切都将深深铭刻在我们的脑海中。

如果你也想跟我们一样重温那段即将被遗忘的历史,在那段风光奇异的丝路之旅中体验古老而灿烂辉煌的中华民族文化,不妨翻开书,跟随我们一起向心中的圣地进发吧!

Bill Porter
2013 年秋

目 录

第一章　　启程：疯子才走的路 1

第二章　　西安：像玄奘一样前进 9

第三章　　出城：三千年的奇人异事 17

第四章　　天水：中国最早的哲学家 33

第五章　　兰州：乘坐地狱火车 41

第六章　　武威：昔日要塞今何在 49

第七章　　河西走廊：戈壁中的绿洲 57

第八章　　向前：长城尽头流浪开始 67

第九章　　敦煌：神与人，哀伤与辉煌 79

第十章　　哈密：甜瓜特别香 101

第十一章　　吐鲁番：酒与火之歌 113

第十二章　　乌鲁木齐：睡在天山上 139

第十三章　　伊宁：民族英雄的流放地 161

第十四章　　巴音布鲁克大草原：超现实主义 173

第十五章　　库车：传说总是残酷的 189

第十六章　　阿克苏：沙漠玉石胡旋舞 207

第十七章　　喀什：神秘的香妃故里 217

第十八章　　通往塔什库尔干之路：海拔四千米 237

第十九章　　红其拉甫山口：帕米尔惊魂记 255

第二十章　　香格里拉：只叹停留太短 279

第二十一章　　吉尔吉特：飞过世界屋脊 289

第二十二章　　伊斯兰堡：我们的故事不能忘 299

启程：疯子才走的路

人类从直立行走的那天起,邻里之间、部落之间就开始互相走动,时间一长,人们走出了一条条的小路。然后,他们又发明轮子,驯服动物,于是,新型交通工具出现,小路随之变成大路。古罗马的亚壁古道①和洛杉矶的交叉高速公路成为人类修建大路的经典之作。然而,前人还给我们留下了另外一条大路,那是一条更老、更长,也离我们更远的路——丝绸之路。

这条大路在我的想象中已经存在许多年了。在它的繁荣时期,一匹匹的丝绸从中国长江三角洲的苏杭地区出发,穿越整个亚洲,最终被运往地中海沿岸。这些无价之宝几乎可以交换与之等重的黄金。中国人从这条大路的另一端换回了等价的香料和宝石。

此外,这条大路带给中国人的还有文化。那些音乐、舞蹈、绘画和宗教至今已成为中国文化中必不可少的要素。

然而,"丝绸之路"这个名字却不是中国人叫响的。最早叫它"丝绸之路"的,是德国学者费迪南·冯·李希霍芬,而中国人先前称之

---

①亚壁古道,古罗马时期一条把罗马及意大利东南部阿普利亚港口布林迪西连接起来的古道。——编者注

丝绸之路

为"西行之路"。走这条路要穿越漫天的风沙和炙人的热浪，历经种种诡异，这是只有疯子和被流放者才走的畏途。我不知道自己算哪类人。

1992年秋，我决定从中国出发，沿着这条"丝绸之路"一直走到巴基斯坦。因为这条路实在是太长、太难走，所以我决定邀请一位同行者。他就是我的朋友芬恩。

今天我们可以沿着丝路从中国一路开车到达巴基斯坦。但在古代，它并不是一条真正意义上的路。实际上，它只是过路商队留下的动物骨骸和粪便所形成的小路。一场沙尘暴过后，小路便消失得无影无踪了，直到下一个商队再踩出另外一条小路。这些小路穿过世界上最荒凉的地方，从一个绿洲到达另一个绿洲。

这条路究竟是怎样开辟的？什么人在什么时间开辟的？所有的疑问还有待考古学家进一步研究。显然，居住在早期中东文明边缘的游牧民族为中亚广阔的草原所吸引，转而从事农耕和贸易，于是便有了这条路。某些游牧民族在低海拔的草场定居下来，开辟绿洲，然后，有人发现在绿洲之间运货比放牧获利更丰，他们就走出了把这些绿洲连接起来的道路。但是直到恺撒大帝时代，这条路才变成了丝绸之路。

我在做出发前的准备时一直考虑该带哪些东西上路。不跟团旅游，就没人负责照管行李、安排交通，因此绝不能带行李箱。我又不是去山区，因此登山包也没必要。登山包的麻烦在于它是硬壳式的，不容易随包中物品而变化形态，挤公共汽车或火车过道很碍事。最好是有肩带无硬壳的帆布背包，而我恰好有一个旧的护林员背包。它不仅防水，而且在某种程度上还能防盗。它虽然只有登山包一半大，却正好能把我的东西全装下。

首先，我需要一个装威士忌的瓶子。玻璃瓶肯定不行，金属瓶又太沉。于是，我找了个盖子可以牢牢拧紧的小号塑料瓶，我可不想浪费一滴酒。好多人在"丝绸之路"上因为缺水没有撑到下一个绿洲就倒下了。背包和威士忌搞定后，其他的就简单多了。几件换洗衣服：一套真丝内衣，一件羊绒背心，一件轻便夹克，一顶羊毛帽子，外加一副手套。当然，绝不能忘了家人和朋友的照片，以及耳塞、手电、备用电池和卫生纸。这就是我的全部行当了。哦，对了，还有一个保温瓶。而芬恩的家什，简直就是我的翻版。

背包打好了，我们的远足大探险马上就要启程了。可是，应该从哪里开始呢？既然计划往西走，而且要一直走到巴基斯坦，自然应该从中国境内的丝绸之路的最东端出发。但事实是，几千年来，中国历朝历代的都城不尽相同，因此，这个东端也不好确定。它可以是洛阳，也可以是开封，甚至可以是北京。好在史学界通常认为长安（今西安）为这条路的起点，于是我们直奔那里。

我们从香港入境，这里每周只有一个航班直达西安。但是广州每天都有飞西安的航班，而且是国内航线，机票也要便宜一半。于是我们先去广州。

不巧的是，我们启程那天是8月29号，恰逢香港四天的解放日假期的头一天。解放日是庆祝"二战"时香港从日本手中解放的节日。去广州的火车票早就售罄，我们无奈只好乘地铁去罗湖口岸，步行过境。说来容易做来难，虽然一大早出门，我们前面的队伍依然很长,似乎全香港的人都到罗湖来了。这只是"万里长征"第一步,在中国旅行的恐怖由此可见一斑,减肥运动马上就要开始了。我们缓缓前挪,似乎每挪一步身体就轻飘一点。队伍的最前端,有着世界上最古老的官僚主义。中国人把它传播给西方,对了,你猜得不错,这个官僚主义所走的正是"丝绸之路"。官僚主义让我最难受的是出汗,其他的都还能对付。终于,我们通过了入境手续和海关检查两道关口。一出罗湖口岸大楼,我们就置身于茫茫人海之中。深圳火车站前有上万人摩肩接踵,他们跟我们一样,都是去广州的。

中青旅广州分社已经为我们买好了晚上飞西安的机票,我们必须赶在他们下班前取票。刚走进火车站,看了一眼排队的长龙,我们吓得连忙退了出来。本打算打车,可是出租车司机总是漫天要价。四处打听之后,我们总算找到一辆去广州的小面包车。

这是一辆崭新的面包车,车费只要八十元,人民币或港币都行。当时美元兑人民币是1∶5,兑港币是1∶8,我们当然付港币了。我们上车坐下,把背包扔在司机旁边。几分钟后,又上来四个乘客。人满车走,驶出火车站停车场。

刚一上路,一个人就把行李箱放在腿上,摆出三张正面朝上的扑克牌:红桃3、红桃7和红桃Q。然后他把牌翻过来弄乱,让其他人赌红桃Q是哪张。这个庄家故意掀起一张牌角,好让我和芬恩看到它是红桃Q,嘴里吃喝着:"来呀,轻松赚钱的机会来了。"有人早就在另一张牌上押了一千港币。那可是一百二十美元啊,我们完全可以赚到手。旅途漫长,反正闲着也是闲着。但是,我们知道,幸运女神通常不会眷顾我们这样的人,还是不贪这意外之财吧,否则很可能偷鸡不成反蚀把米。

游戏仍在继续，我们并不掺合，只是笑着，看着，车上其他乘客也是这样。过了一会儿，车刚到深圳郊区，几个赌徒让司机靠边停车，一块儿下去了。他们身上的钱上车时是多少，下车时还是多少。车重新启动后，大伙一阵哈哈大笑。

深圳这一边境城市的繁荣经济吸引了各色骗子，稍不注意，心存贪念的人很容易把自己的钱弄没了。如果你哪天路过深圳，一定要小心。你以为你看准了哪张牌是红桃Q，一旦你把钱押在上面，翻开后它就不是红桃Q了。

然而，在深圳，我们还有故事发生。开出市郊不远，司机就停车说发动机坏了，把我们赶下车，然后拦了一辆开往广州的破大巴。他付给大巴司机的钱，只有我们给他车费的四分之一。

大巴慢腾腾地行驶了四个小时之后终于到达广州。我们在汽车站附近的中青旅取了机票。中国自从放开服务业以后，旅行社便遍地开花。多数大城市都有自己的旅行社。这些小旅行社的报价通常比中旅和中国国旅等全国性的机构便宜，但联系不太方便。而且它们通常对十二人以下的团不感兴趣。在前几次旅行中，我发现中青旅是既可靠又便宜的一家。但是，没想到现在却时过境迁了。

在中青旅取好机票后，我向他们询问能否包下我们到伊斯兰堡的全部行程。中青旅广州分社与北京分社沟通后说，按我们的要求，走完丝路全程景点每人的费用为四千美金。后来发现他们真"黑"，实际上我们只花了一半的钱就自己搞定了。当然，中青旅至少帮我们订了飞西安的机票，而且航班正点起飞了。但不知怎的，它总让我想起深圳的那辆破大巴。

　　飞机起飞前,空姐在走道中分发仿造的檀香扇。一开始我们还窃喜:真好,还发小"礼物"。但不久就发现,这"礼物"背后另有玄机。直到飞机升空后,机长才为乘客打开机上的空调。所以,起飞前大伙热得狂扇扇子。当时一位乘客看完舱壁上的温度计后向大伙宣布:舱内温度36℃。这哪是在飞机上啊,简直是走在丝绸之路上啊!

第二章

西安：像玄奘一样前进

飞机在西安降落时,机长又关掉了空调,显然是飞机的电力系统不足以支持起降时的负荷。于是,两百把檀香扇子又一起比画起来了。哦,原来这扇子的意义非同小可,还有助于飞行安全呢。

不管怎么说,好歹我们安全落地了。和老机场比起来,西安的新机场离市区远了许多,大约有四十分钟的车程,的士要价七十元。我们选择乘坐五元的机场大巴,一小时后到达宾馆大堂。

和1989年我第一次来西安相比,这里又新开了十几家高档宾馆,但我们还是选择住在那家不错的老店——胜利饭店。它就在和平门外,一间没有浴室的双人房一晚才八美元。我们把包放进房间,就出门去王老板的"三星餐馆"就餐。两年前就是王老板帮忙,我和史蒂夫·约翰逊才免遭入狱和被驱逐的下场。那时,我和史蒂夫不小心闯入了在西安城南大山里的某处禁区。

王老板依旧壮实,他的"三星餐馆"也依旧红火。在他的盛情款待下,我们把冰镇啤酒喝了个够。老王说,警察来时还经常问起我和史蒂夫。于是,我请他给警察带个好。

古时候的西安叫长安，是中国历史上最辉煌的汉唐两朝的国都。新建的西安历史博物馆藏有长安鼎盛时期来访的外国游客的雕像。毫无疑问，雕像中的那些大胡子商人在当时的长安城随处可见。毕竟长安是丝绸之路的东端。据说，当年有这样一个规定：没有皇家的邀请，外国人不能待在城里。他们可以白天进城，但只在西城门外活动。那里是交易市场，外国人在此买进丝绸，卖出自己带来的货物，包括印度的香料和玻璃器皿、阿拉伯的宝石以及来自遥远的东非的药物。

如今，西城门一带已经被工厂和住宅所取代，外国人不得不转移到市中心的酒店里。过去的十年中，西安已经成了外国人来华旅游的必访之地。有谁来中国不想去西安看看兵马俑呢？当然，我们也不例外。

第二天上午，我们坐上开往郊县临潼的公共汽车，在临潼倒一次车，就到达景区。兵马俑坐落在一个好像飞机修理厂的巨大单层建筑里。外国人购买门票需要四十元外汇券，这是中国最贵的门票了。倒不是不值这个价，我只是在想：怎样才能花最少的钱进去参观呢？还是老办法，搞一张假的身份证件，有了它，外国人买票时就可以和中国人一个价。最佳的身份证件是教师证或学生证，那得看你的年龄了。我们办的是西北工业大学的教师证，每张假证一百元。我得承认，这两张假证仅丝绸之路这一趟就给我们省了门票十倍的钱。它们不仅能用来买门票，还可以用于住宿和购买火车票。

当然，使用假证件是违法的。我在出国旅游时，一向遵纪守法。但是，如果一个地方的法规歧视外地旅游者，在商品和服务的定价上内外有别，外国人是本国人的两倍、三倍，甚至十倍之多，这就另当别论了。我对这种歧视的回击就是使用假证件，当然我不建议别人效仿我。可是你懂的，只要老外与当地店主有联系，就能搞到假证件。比如在阳朔和大理的酒吧、旅馆，办理假证件的生意就很红火。这也算是反击歧视的一种民间力量吧。

我们来到兵马俑入口，检票员看到我们的门票跟中国人的一样，很是纳闷，我们只是耸耸肩，说是西安某大学的老师，就堂而皇之地走进了大门。穿过售卖纪念品的商店，一座巨大的建筑立刻映入我们的眼帘，笼罩着已挖掘出来的墓坑。整个墓坑足有一大片墓园那么大，但是里面没有尸骨，而是两千年前埋下的兵马俑。

这些兵马俑的使命是拱卫秦始皇（陵）。公元前209年，他被葬在距此往西1.5公里的青铜地宫里。秦始皇首次统一了中国，建立了中央集权政府。事实上，"中国"这个名称就起源于他建立的那个短命王朝。1974年，村民在抗旱打井时发现了这些兵马俑御林军。由于地宫顶部年久塌陷，这些兵马俑早已被压碎。一千多个兵马俑经过仔细拼接修复，又按原来的作战编队放回原处。于是这里成了中国最震撼人心的奇观。除了长城和故宫，这里应该是全中国游人最多的景点了。但游客在这里拍照受到限制，必须支付一定的费用方可拍照。为了确保大家遵守规定，场馆还专门设置了警卫。现在这项规定已被取消，但当年（1992年）我们参观的时候，相机放在挎包里，游客必须寄存挎包才能入内。

至于秦始皇的陵墓，也就是兵马俑的拱卫之所，还没有进行挖掘。据说政府尚不具备保护陵墓内的文物不受损害的能力。其实，

兵马俑

光是兵马俑就够他们忙活的了，我们游览时挖掘工作仍在进行中。兵马俑虽然很壮观，看了半小时也足够了。我们取回挎包，坐车回到临潼，再倒车回到西安。我们临上车时，发现兵马俑展厅的后面还有一幢房子，墙上挂着个大牌子：相同的工艺，相同的原料，相同的质量，相同的价格制作兵马俑。两千年前的原始砖窑以同样陶土和技术为您复制具有同样的面部表情的兵马俑。这段话又一次提醒我和芬恩，我们已经来到了丝绸之路，这里所有的东西都可以出售，甚至包括世界奇观。

我们还是去看真实的奇观吧，这里的奇观不止兵马俑这一处。回到西安，我们换乘公交车，去看所有旅游手册都印着的、作为这个城市象征的那些景点。

古代的长安是世界最大的城市，公元6~9世纪期间，在它五十公里长的城墙内居住着一百多万人口，其中有一位叫玄奘的法师。玄奘的西行游历经过艺术创作变成了中国的四大名著之一，即《西游记》。在这部书里，玄奘被称为"唐三藏"。"三藏"在梵文中指的是所有佛教典籍，这个名字用在玄奘身上非常贴切。正是他的孤身西行把包括经、律、论（三藏）在内的佛教典籍带回了中国。

7世纪初，玄奘违抗君命前往印度。二十五年后，当他返回故土时，皇帝亲自出城迎接。玄奘选择的路线与我们计划的路线基本一致，不过我们可不希望走那么长时间，更不希望遇上那么多的妖魔鬼怪和大劫小难。于是，我们前去大雁塔前烧香祭拜。此塔是玄奘为存放他带回的佛经而建，至今仍矗立在西安城的东南角。事实上，自从公元652年建成后，它一直就是西安城的标志性建筑。在把燃烧的香束插在香炉中之后，我们踏上了通往佛塔各层的台阶。不一会，我们就爬到了第七层，也是最高的一层。塔的四面都有通向外面的拱门，我们透过西面的拱门，从塔顶眺望，脚下便是丝绸之路的起点。

大雁塔

第三章

出城：三千年的奇人异事

祭拜完丝路上最伟大的旅行者，现在我们唯一需要的就是一辆大巴车了。这很容易，去西城门汽车站就行。两千年来，无数的中国人和外国人就是从这里踏上了丝路，只不过他们的交通工具是骆驼或者马匹。出发前的那个晚上，我们和王老板喝到一醉方休。第二天一早，太阳刚出来我们就去乘车。车早已等在那里，司机旁边的引擎盖上堆满了大包小包，我们的包也放了上去。汽车开了，我们经过西城门上了丝路，几公里后就看到建在马路隔离带上的丝路纪念碑。纪念碑全部由巨大的粉色大理石雕刻而成，生动地再现了一队沙漠商旅的场景：骆驼、大胡子老外以及货物。我不禁想：将来的纪念碑上会不会雕刻一辆大巴车呢？

无论如何，我们终于踏上了丝路的旅程，旦然我俩都有点摇摇晃晃。头天晚上王老板为我们送行的酒劲余威未消，我们很快就睡着了。没睡多大会儿，司机在去茂陵的路口把我们叫醒，让我们下车了。从这里往北再走两公里就是茂陵。

路边等着好几辆三轮出租车，我们把行李扔上其中一辆，车子向北开去。

茂陵是汉武帝刘彻的陵墓，他登基的时间在两千一百年前，那时候秦始皇已经死了一百年了。在其当政的五十年间，他动用了全国三分之一的国帑为自己建造陵墓，可想而知，这里面得埋有多少金银珠宝啊。即使陵墓建在深深的地下，六十年后，其中一部分还是遭到了叛军的劫掠。从外表看，它与秦始皇的陵墓很像，只是个青草覆盖的大山包而已。唯一能够证明它不是普通山丘的，便是立在山脚下的那座游客可以骑在上面照相的石雕骆驼。为什么他要在墓前雕一头骆驼呢？因为汉武帝开疆拓土的功绩卓著，由此确立了中国对丝路东半部的控制权。

公元前141年，十六岁的汉武帝登基，他在位五十四年，是中国在位最久的帝王之一。他掌管着中国最繁荣辉煌的王朝——汉朝，并沿着丝路不断开拓中国的疆土。事实上，汉武帝最初是派遣使者出使西域，以便结盟周围邦国抵抗不断骚扰中国北部和西北部边境的匈奴。使者名叫张骞，他于公元前138年离开长安。不幸的是，匈奴人得知张骞的出使计划后，在其抵达第一站后便就把他抓获。匈奴把张骞作为与汉朝皇帝谈判的筹码，羁押了十年之久，后来张骞成功逃脱。但他并未返乡，而是继续西行，最终经由另一条道路返回长安。虽然他未能说服他国抗击匈奴，但他却带回了丝路上有关西域各国地理和文化的精确资料。

汉武帝对此很感兴趣，于是派张骞再度出使西域，以结盟更多的国家。张骞的这一次出使，一路远行，直达波斯王国的边境，这与我们计划的行程大同小异。张骞的第二次出使大获成功，他带回的情报为汉武帝日后制定的一系列军事行动奠定了基础，并借此将影响力一路扩张到波斯，从此开始实施其控制中亚的伟大战略计划。

汉武帝制定了"控制中亚必先控制丝路"的方针。他选择去实施这个计划的人就是霍去病。霍去病是皇帝最宠爱的妃子卫夫人的外甥。他虽然很年轻，却是个杰出的军事家。他把匈奴驱逐出连接汉朝与丝路西部的通道——河西走廊，成功地完成别人没有完成的事业。霍去病先后六次出兵塞外，获得大捷之后，汉武帝开始扩建长城，将远至敦煌的整个河西走廊中的所有绿洲纳入自己的势力范围，由此首次确立了汉朝对丝路东半部的统治地位。

霍去病二十四岁时便英年早逝，汉武帝下令为他修建陵墓，状如纵贯河西走廊的祁连山。霍去病的陵墓之所以建在汉武帝自己陵墓（茂陵）东北方一公里的地方，这显然是朝廷的旨意，以此来提醒人民不要忘记汉朝对中亚永久的影响力。抛开政治不谈，茂陵已被开发为遗址公园，其陵墓顶端有座亭子，游客可以到此一览散落在平原上的其他几十座皇陵。

至于霍去病的墓园，最突出的特点就是墓前有十四座石雕。石雕虽建于古代，但其设计风格却极具现代风格，最著名的一座石雕名为"马踏匈奴"，一匹马踩踏着一个大胡子的老外。我们看后多少有些不自在。我和芬恩虽然不是匈奴人，但偶尔也会表现出一些夷狄气。

说话间，我们坐三轮返回公路，换乘另一辆汽车。我们这次的行程更短，半小时后就下车去参观杨贵妃墓。中国历代封建王朝的贵妃中，最有名的就数杨贵妃了。她好比唐朝的"麦当娜"。有人说，她与玄宗皇帝的罗曼史几乎断送了唐王朝。

马踏匈奴

唐玄宗第一次遇见倾国倾城的杨贵妃，是在西安东部的温泉（今华清池），当时她正被人扶着出浴。虽然她此时身为玄宗儿子寿王的妃子，玄宗还是安排她丢下寿王，当了尼姑，之后把她安置在后宫之中。芙蓉帐暖度春宵，从此君王不早朝。宫廷里的风流韵事，总是层出不穷的。

与此同时，杨贵妃的远房哥哥杨国忠把持朝政，以致国力衰竭，叛军四起。叛军很快就逼近长安城的东大门。欢宴戛然而止。皇帝与侍从们从西城门逃出长安，一路奔逃，他们走的正是我们现在所走的这条路。后来，他们来到了我们刚刚下车的地方，军中大将不肯再往前走了。他们提出，除非玄宗皇帝除掉他的爱妃，否则他们就不再听命。他们指责皇帝迷恋杨贵妃，封其堂兄为相，且放任自流。玄宗无可奈何，只得屈从。杨贵妃的堂兄（杨国忠）被处死，而美貌的杨贵妃被赐死在马嵬坡。大军继续前行……最终叛乱平息，玄宗皇帝次年回到了长安。这该是一次多么伤心的返程啊。中国最伟大的诗人之一白居易在其长诗《长恨歌》中叙述了这个故事。玄宗是否曾在他的爱妃墓前流连？他是否还记得两人一起跪在初次相见时的华清池边的山坡上？那一天，恰逢中国的情人节——农历七月初七，皇帝和贵妃在月下发誓，来生愿做牛郎和织女。在中国的传说中，牛郎和织女每年的七夕在鹊桥相会。如果他们的誓言成真，我不知道杨贵妃是否会继续给皇帝剥葡萄吃，还是会把它们浸在毒酒中？

位于公路边一座佛堂后面的杨贵妃墓封土后四周砌以青砖，呈半球形。青砖是为了保护墓穴后来加上去的。因为杨贵妃被认为是

杨贵妃墓

唐朝最美的女人，据说她被埋在此地后，坟墓的土壤散发出奇香，引得四面八方的妇女都来取土。她们用土搽脸，可祛斑柔肤。虽然这只是心理作用，但来取"贵妃粉"（她们称此土为贵妃粉）的妇女太多，以至于墓堆越来越小。因此，为了保护坟墓不被蚕食殆尽，官府派人用青砖封住，这样坟土不断消失的情况才得以彻底制止。在过去的一千二百年间，除了寻求"贵妃粉"的人，不断有其他游客在此停留，陵墓的院子里题满了诗词歌赋，到处是贵妃的仰慕者栽下的垂柳。

我和芬恩从遐想中醒来，走出墓园，回到大路，拦下另一辆西行的大巴。汽车一路穿过渭河平原上的玉米地和小麦田，据说有些地方的农田土壤深达百米。这一由河流裹挟泥沙而不断形成的冲积平原，在过去的几个世纪里养育了自周朝开始至今的千万关中百姓。

西安西部即在岐山、扶风两县交界处方圆二十平方公里范围内的这一地区被称为"周原"，它是公元前1046年建立了周朝的周人部落的发祥地，六百年后的老子和孔子仍然尊崇周朝的礼仪。周朝时期不但其政治和社会制度发生了重大变革，还以其高超的青铜铸造技术而闻名。考古学家在周原发现的青铜器远远多于中国其他地方。原因也不难发现，"丝绸之路"恰好经过周原，为它提供了源源不断的锡料。锡是制造青铜的主要成分，当时运至中国的锡料最远来自今天的乌克兰地区。

除了成千上万的青铜器，周原还出土了另一样具有极高历史价值和宗教意义的物品。从西安往西，花三小时雇车行驶一百五十公里后，我们在扶风县城北部供奉佛指舍利的法门寺下车。这枚至高无上的圣物、世上仅存唯一的佛祖真身指骨舍利显然是两千二百年前使者奉印度阿育王之命从丝路带进中国的。阿育王在征服了印度次大陆①的大部分领土后，转信佛教。为了宣传自己的宗教信仰，阿育王下令把佛舍利分送到世界各地。

这种说法有待商榷。如果佛指舍利公元前3世纪来到中国，为什么直到三百年后的公元1世纪中国才出现有关佛教的记载呢？一种解释是一开始佛教没有信众，因此史书认为它不值一提。但是，周朝统治者把扶风北部皇家陵园里的一块墓地赐给了印度使者，这就表明他们至少对佛教是很热情的。数百年以后，有中国高僧（唐玄奘）从印度返回，这时他们才意识到佛舍利实为无价之宝。

因此直到公元6世纪，北魏统治者来此朝拜后，佛舍利才首次被提及。唐朝时，佛指被放在一套金棺中改葬，并在其上面建起了一座巨塔。这才有了现在的法门寺。就在我们造访的前几年，佛塔重修，里面的罕世奇珍自唐朝以来首次重见天日，游客可以到新塔的地宫中观看佛指。我和芬恩花了点钱，甚至还领到一张证书，证明我们确实朝拜过两千五百年前为大众指引慈航的那枚佛指。

我们注意到：佛指指向西方。这是佛祖让我们返回大路的指示啊。于是我们再次拦车西行，没走多远，半小时后在下一个县城岐山县下车，雇了辆三轮到达周公庙。

周公庙位于三千一百年前周室建朝之地岐山以北八公里。周武王死后，周公摄政辅佐幼帝，直至幼帝成年能够治理国政为止。在

---

① 印度次大陆，又称南亚次大陆，是喜马拉雅山脉以南的一大片半岛形成的陆地。——编者注

法门寺真身宝塔

周公庙

他的辅佐下，周朝建立了一套完备的礼仪制度，使其统治得以维持八百年之久。周公也因此被奉为德才兼备的摄政王。

孔子对周公更是倍加推崇，将他与古代传说中的圣贤相提并论。孔子如此尊崇周公是完全有理由的：他住在鲁国，其国君便是周公的嫡系后代，而鲁国重要的礼仪就包括服从国君的先祖。

再回过头来说岐山周公庙，周公曾为他的一位妻子修建了一座宫殿，《诗经》中好几首诗对此都有提及。自周公三千年前去世后，这里举办过各种纪念他的活动。两千年前栽下的两棵老槐树依旧葱茏茂盛。大殿屋顶的装饰可以追溯到一千二百年前的唐朝，其壮观景象令人赞叹不已。据周公庙管理中心的主任介绍，殿后的山上正在规划兴建一座水库，到时游客可以在此划水冲浪。

这一天的历史回顾到此结束。该找个地方过夜了。我们坐三轮车回到大路，拦下另一辆西去的巴士。太阳落山时，我们的车才晃晃悠悠地驶进宝鸡县城。这中间还出了个小插曲。快到县城的时候，一群警察拦车查票。哈，原来不是每个人都有票的啊。警察从车上拽下十五个人，这说明不是每个人都明白自己要尽的社会义务，包括坐车买票这一义务。

汽车到站时，车上只剩下包括我和芬恩在内的六位乘客，太阳也早就下山了。这一天下来太累了，我们不想费力去找过夜的地方，在车站停车场看到两条街外的宝鸡酒店大楼顶上的牌子。于是我们就在宝鸡酒店度过了丝路上的第一晚，假证件让我们只花四十四元就住上了带浴室的双人间。能洗个热水澡真好。只是我感到支气管有感染的迹象。不幸的是，我忘了带抗生素。于是我发着低烧度过了丝路上的第一个夜晚。不过我至少洗了个舒服的热水澡。

第二天,烧退了点,起码我能下床走路外出观光了。

宝鸡是先民最古老的聚居地,这里有好几个值得一看的景点。城里有中国最古老的早期新石器文化与仰韶文化遗存,考古学家称之为"北首岭",距今七千多年。但我们最感兴趣的是火车站后面山坡上的道观。

道观名为"金台观",建于14世纪。建观之前,这里是道士张三丰的修道之地。据当地记载,张三丰是个奇人,有时几个月不吃饭;有时连坐十天,眼睛都不眨一下。但他一旦动起来,日行五百公里。一旦张嘴吃饭,见什么吃什么。

张三丰的确是个奇人。他所有的财产就是一顶草帽和一袭破衣。但是皇帝却对他殷勤有加,这并不是没有理由的。张三丰是中国有史以来最伟大的内功大师,有人说是他发明了内功。不管怎样,有一天,他坐在山洞中,俯瞰着山下城里的木屋和道路,却告诉他的弟子去给他准备棺材。结果第二天他真的就去世了。但是,棺材刚一放进墓穴,张三丰又复活了,他爬出棺材,告别宝鸡,向东南方的湖北省武当山而去。在以后的几百年里,武当山成为中国武术的中心之地。每当举办武术大赛时,武当山的道士总是拔得头筹。据说,张三丰仍然不时地出现在武当山。

与此同时,他以前的居所也进行了修复。以前张三丰和弟子居住的位于道观后面黄土崖上的窑洞粉刷一新,并修砌了新的石拱门。但来此参观的人并不多。石拱门上爬满了一簇簇淡紫色的牵牛花。

站在张三丰旧居前的平地上,我眺望北方。在宝鸡以北十五公

金台观

里，蟠溪河流入渭河的地方有一块巨石，早年另一位奇人曾经在此垂钓。此人名叫姜子牙。三千年前的某一天，周文王骑马路过此地，发现姜子牙钓鱼的方式很奇特。文王下马查看，发现姜子牙用直钩钓鱼。姜子牙正是文王要找的人才，于是就做了文王的国师，并且辅佐后面的两位天子建立了周朝。姜子牙的钓鱼台仍在原地，而唐朝建造的姜太公庙也矗立在此。

这是北面的风景。

向南可以望见一条公路蜿蜒盘旋进入终南山，然后穿过秦岭山脉。这条路经过三道关口后最终进入四川。两千五百年前老子写完著名的《道德经》后，就是在这条路上消失的。老子离开宝鸡后就再无音讯，有人说他去了印度。古代确实有条路从四川经云南和缅甸通往印度，但是路途异常凶险，一个宣扬"无为"的人不大可能走那条路。我和芬恩也绝不会。

回到宾馆，我们抓起背包，去火车站等候下一趟西去的列车。跟往常一样，窗口出售的只有站票。但是火车站也有新气象：里面设置了一个"禁止吸烟、禁止吐痰"的候车室。如果这还不足为奇，接下来的事就更让人惊喜了。下一趟列车不仅准时到达，而且有一半座位都是空的，我们俩四仰八叉地占了四个座位。

火车驶出车站月台，我们向一群民工招了招手，他们也坐在敞篷的货运火车上向我们招手。宝鸡是主要的货运中转站。不知道中国的民工和美国的无业游民是不是一样。举个例子，芬恩曾在俄勒冈的波特兰市遇见过一个无业游民，人称"邋遢威利"。芬恩在其《被牺牲者》一书中这样写道："威利把他铁罐里的豆子倒进我们的罐子,我们一边填饱饥肠辘辘的肚子,一边听他咯咯地笑着为我们讲述当下享受的自由自在的美妙生活。'妈的,那真是我坐过的最慢的车。那个小屁孩?脑子坏掉了。给他东西吃,他就是不吃。说什么这也不能吃,那也不能吃,里面有什么什么。我告诉他,去他妈的。你有什么就得吃什么。他别是从哪个精神病院逃出来的吧!'

"威利摇了摇头,借着火光抠了抠脚。'他不想喝酒,也不抽烟。我猜他有点不正常。可是我告诉那个傻孩子,我这一辈子有两样事情离不了。一样是吃饭,另一样就是爬货车。哎,虽然我偶尔也会饿上一两顿,当然,那货车有时也会在我没准备好之前就开走了,但是还真没有哪一样是我做不到的。'威利被自己的笑话逗乐了,龇牙笑着钻到脏兮兮的毯子下面。'唉,老流浪汉该睡觉喽。明天又将是个好日子。晚安,伙计们。'晚安,邋遢威利。"

和世界上其他地方的无业游民一样,宝鸡火车站货场里的这些人很可能是到处找活干,但他们又没钱坐汽车或火车。在美国,无业游民一般是没有耕种土地的农民,他们坐货车时随身带着锄头,因此被称作"锄头佬",后来逐渐简化为"无业游民"。而中国的一些民工也是乘货车四处流浪。

天水：中国最早的哲学家

火车开动起来，沿着渭河驶出县城，在大山和黄土岗之间的峡谷中、以及种着玉米和小麦的梯田里穿过。因为占着四个座位，可以把身子躺平，我俩很快就睡着了。我们在梦乡中把陕西甩在身后，进入了甘肃。三个小时后，我们在天水市下了车。

天水古称"秦州"，是秦始皇祖先的封地。在秦朝以前，秦州是中国对丝路管辖权尽头的标志。甚至在随后的几个朝代里，越过秦州也将要冒丢掉性命的风险。那些胆敢一试的人，便花钱找人在附近的崖壁上雕刻佛像，以求进入天堂后能得到补偿。这些崖壁在城东南六十公里外。出了火车站，有好几辆拉客面包车等在外面，它们可以搭我们去看"摩崖石刻"（洞窟）。那时刚过中午，我们估摸着看完洞窟后有足够的时间在天黑前赶回城里，于是就爬上一辆面包车，一个半小时后，车停在一座形状奇特的山峰脚下。山峰三面陡峭，从某个角度看，它就像是一个麦垛。正因如此，中国人把它称为"麦积山"。

麦积山山体为红色砾岩，极易风化，但也很适于雕刻。一千六百多年前，佛教徒开始在崖壁上开凿窟龛，并在其中雕刻宗教艺术作

渭河

麦积山

品。旅行者从中亚来到中国,首先进入的地方就是天水,跟数月跋涉的沙漠旅行相比,天水无疑是人间天堂。这一地区森林茂密,水源丰富;而且这里还是佛教较早兴盛的地区。许多富商和旅行者出资在麦积山上雕刻佛像,感谢神灵保佑他们一路平安。

这里最早的雕像可追溯到 4 世纪后期。到 5 世纪初,这里居住着几百位僧尼。其中就有一位是皇帝的妻子。她名叫乙弗氏,是西魏文帝的皇后,因德行庄重、一心礼佛而著称。可惜皇帝与皇后不同。为了缓和与北部边境的游牧部落的紧张关系,皇帝欲娶可汗的女儿为妻并立其为皇后。于是,魏文帝下令废去乙弗皇后之位,逊居别宫,出家为尼。乙弗氏遵命去了麦积山。但是新皇后仍然疑心重重,唆使皇帝赐乙弗氏自尽。乙弗氏再次屈从。麦积山上有近两百座洞窟,乙弗氏的墓就在第四十三号洞窟中。

麦积山其实算不上是一座山,它只是秦岭山脉中拔地而起的一个巨型独岩。但洞窟却是真正的石窟,东西崖壁共有石窟一百九十四座。里面雕满了各种佛、菩萨和天神的造像。基本的建造方法是这样:把一些木柱子砸进崖壁中,然后在木柱上塑造佛祖或菩萨造像。当时佛教刚刚进入中国,塑造的佛像都面带微笑。但麦积山石窟令人称奇的并非这些微笑的佛像,而是佛像背后的壁画。每一个壁龛中绘画的颜色和花卉图案都各不相同,甚至连极乐世界中的景色都各不相同。唯一的缺点是,如果不在接待处聘请一个导游,除了比较大的、洞中放不下的佛像之外,其他佛像你只能透过洞门的栅栏和铁丝网瞄上一眼。

从山脚到山顶,麦积山上的窟龛和雕像贯穿山体整个向阳的南

麦积山雕像

面崖壁。我不建议从山顶往下看——除非你打算去大佛头上掷硬币求好运。过去，游客上下年久失修的木栈道时肯定提心吊胆；但现在就容易多了，因为上下山的木栈道已更换成钢筋水泥栈道。

在此游览了几个小时，该看的差不多都看了，太阳下山时，我们坐面包车返回天水。我们到达市区时天色已晚，城里的宾馆全都订满了。不过也无所谓，反正哪个宾馆都不供应洗澡的热水。我们只好去城西二十公里外较为豪华的天水宾馆住宿。虽然天色已晚，什么也看不清了，但宾馆服务员说我们在自己的房间可以看见埋葬李广的文山。

李广以及我们之前参观过其陵墓的霍去病，两人共同辅助朝廷把匈奴赶出了丝绸之路，使之归于汉朝统治之下。匈奴人称其为"飞将军"，唯恐避之而不及。一次，李广在带了几百士兵远离大部队后意外地遇上了几千匈奴骑兵。但是尽管双方兵力悬殊，匈奴却不敢进攻，唯恐这是李广设下的陷阱。还有一次，匈奴击伤李广，将其俘虏后放在担架上，骑马去向匈奴王邀功。趁其他骑手不备，李广制服一个匈奴士兵，跳上他的战马，夺其弓箭，飞驰而去。匈奴数百骑紧追不舍，但很快就掉头逃回，因为李广以精准的箭法将追赶者一一射杀。

虽然李广令匈奴胆寒，却不受朝廷重用。他遭人嫉妒，几次被迫卸甲赋闲。而一旦李广离开，匈奴便大举进攻。皇帝又不得不把他召回。即使在他年老时，仍在与匈奴搏杀，直到有一次在沙漠中迷路，未能与大将军卫青率领的大军会合。卫青派副手去问责，李广对手下众将说："广结发（成年束发）与匈奴大小七十余战，今幸从大将军出接单于兵，而大将军又遣广部行回远（走迂回辽远的路），而又迷失道，岂非天哉！且广年六十余矣，终不能复对刀笔之吏。"言毕拔刀自刎。据汉朝历史学家司马迁在其《史记》中记载，李广死后，百姓闻之，无论认识不认识他的，皆为之流泪，为他的诚挚之心所感动。李广的尸首不知所踪，但是他的甲胄以及他自刎的宝剑被葬在文山，也就是我们所下榻的天水宾馆窗外的那座山。

天水还有一处景点经常被游客忽略，那就是西城门附近的伏羲庙。次日我们就乘坐等候在宾馆门外的面包车前往那里。伏羲庙确实值得一看。

伏羲生活在五千年前，是中国历史上第一位贤王。虽然他的功绩多与黄河平原有关，但他的故里却在天水的西城门外。他的名字意为"驯兽者"，据说伏羲教导早期人类圈养牲畜，古代社会从而开始从狩猎时期向畜牧、农耕时期过渡。

但是驯兽只是伏羲的功绩之一，他还建立了婚姻家庭制度，扩大了人们的社交和政治圈子。除此之外，他还是位思想家，发明了中国哲学观最基本的概念，即把各种现象划分为天、地、人，把各种过程划分为阴和阳。由于二进制的任意三个数位的排列都是八种，伏羲据此画出了八卦图，用直线表示阳，断线表示阴。这就是《易经》的起源。

我们在天水西城门外拜谒过伏羲后，便出城开始下一段旅程。

第五章

兰州：乘坐地狱火车

我们在火车站准备坐上午的快车去兰州。天水真是个奇怪的城市，昨天晚上我们不得不出城二十公里找个能洗热水澡的酒店住宿，今天我们到达天水火车站后发现其他地方的站前广场多是摆着面条摊子，而这里却有六七个老太太在车站的台阶上支起脸盆，拿着毛巾和热水瓶迎接旅客。我们在火车站外的旭日中洗着脸，等候丝路快车的到来，这种体验非常奇妙。

清清爽爽地开始新一天的旅程，感觉不错。火车进站了，我们登上车，在车厢走道里寻找着座位，简直就像行走在地狱十八层一样。那些旅客似乎已经在这里过了一辈子，生于斯，死于斯，"尸骨"散落在各个车厢的地板上，等着被人清理出去给"丝绸之路"上的瓜果园追肥。

我们穿过一节节车厢，终于到达了避难所——餐车。几天来一直困扰我的支气管炎又加重了，我开始发起烧来。餐车里空空的桌椅就像是一片在向我们招手的绿洲。可是，我们刚一进去，就被列车员赶了出来，因为还不到吃饭时间。于是，我们只好带着行李退到相对不那么拥堵的两节车厢之间的空地。接下来的七个小时，我们就待在那里，待在堆满煤块的锅炉室和上了锁的列车员专用厕所之间。幸好，卖啤酒花生的小车一小时来一趟，且趁人不注意时，我就用尖嘴钳变魔术般打开厕所门。对，就是尖嘴钳，在丝路旅行时你需要带上一把。

终于，火车在傍晚驶进兰州市，我们庆幸自己即将结束这一悲惨的旅程。黄河从兰州市区穿过，绵延二十多公里。除西安外，兰州是丝路上最大的城市，且具有重要的地理位置。和西安一样，兰州也有一条汇集多座花岗岩骆驼商队雕塑的长街。我们到的那一周，市里正在筹备第一届丝绸之路节。西北各地的显要人物都要来此。而我们只想马上离开。我们在火车站旁的长途汽车站寄存了行李，买票去下一个目的地——武威。去武威的车第二天10点才发车，我们一路走来都累坏了，加上我此时又不舒服，于是我们去了友谊宾馆，吃过晚饭，结束了这一天的活动。我不记得晚上吃的什么，但是喝了几杯啤酒我还记得的。

兰州是丝路上的一个主要站点，其地理位置远没有它宣传的那么重要。13世纪马可·波罗来到兰州，发现这里没什么可值得记录的东西。这是因为古代大部分商队会在兰州以东一百公里外的红山峡渡过黄河。那里也是我们的老朋友汉武帝视察西北疆域时渡河的地方。商队如果不在红山峡渡河，就会选择兰州以西七十公里外的炳灵寺石窟附近的黄河渡口。那里曾是著名的黄河渡口，附近山崖上的洞窟是中国最大的宗教石刻艺术中心之一。但是我在上一次的黄河之行时已经参观过那些洞窟中的精美佛教雕刻了。

如果我身体好点，我们就去刘家峡水库东边的临夏了。临夏是中国最古老的先民聚居地之一，古称河州，是丝路上的重镇。在临夏城外，考古学家发现了距今五千年前的古老村庄，并在遗址中出土了中国已知最早的青铜器以及世界已知最早的大麻培育种芽。据古植物学家称，中国最早的先民就开始使用大麻作为纺织纤维以及提神剂。新石器时代，丝绸之路沿线的游牧部落把大麻带到印度次大陆，并最终传到非洲。作为回报，印度人给中国人回赠了一种致幻植物——曼陀罗，这是一种剧毒的茄科植物，现在的临夏地区还可见到遍地生长的曼陀罗。

作为新石器时代丝绸之路上的重镇，临夏的种族特征也发生了巨大变化。过去一千多年来，大批信奉真主安拉的民族在这里定居，比如保安族、东乡族、撒拉族和回族。它们各自有其迁徙来此的传说，但是东乡族的民间传说最为有趣。

根据对东乡族语言以及口头文学的分析，东乡族曾是居住在从临夏往西三千多公里外的今乌兹别克斯坦撒马尔罕地区的一支索格代亚纳人。那么，东乡族是如何、又为什么横穿半个亚洲来到这里的呢？

13世纪初，东乡人的祖先作为成吉思汗大军中的雇佣军跟随大汗挥军向西，在河西走廊打了最后一战。成吉思汗于1227年在兰州东边的一个地方去世，三年后，蒙古人重整队伍，开始了攻打中国的最大规模的一次战役。这时，东乡雇佣兵已经喜欢上了临夏地区。毕竟，穆罕默德死后，临夏是穆斯林传教士经常到访的地方，信仰伊斯兰教的东乡族在这里宾至如归。他们从此就在这里定居下来。

甘肃省博物馆中陈列的彩陶中有许多是从临夏出土的。直到一千年前,临夏(而不是兰州)仍是中国西北地区最大的贸易中心。那条古道现在已经消失在刘家峡水库下面。但是我们现在就在兰州,第二天一早至少来得及去参观甘肃省博物馆,它就在我们所住宾馆的马路对面。

8点钟门卫一开门,我们就走进博物馆。由于要赶10点的汽车,征得门卫的同意后,我们便把背包留在门卫处,直接去参观五千年前新石器时代早期的彩陶展厅。这些彩陶最早是由瑞典考古学家安德生于1922年发现的,此前他在邻省陕西和河南也都有发现。之所以甘肃出土的这些陶器如此重要,是因为它们成为中国已知最早的艺术瑰宝代表作。作为陪葬品的陶罐上画有红黑两色图案,或许它们是受了流经此地黄河波涛的启发而作。陶罐体形硕大,数量仅为十几个,但每个陶罐上的图案却略有不同。很显然它们是用来在冥界盛饮用水的。我们在此徘徊良久。这些陶器如此简单,却又是如此精美。

我们要看的不止这些。除了世界级新石器时期的陶器藏品,博物馆还收藏了一批珍贵的青铜器,其中最著名的是武威出土的汉代青铜马。艺术家在马头上方添上了一团云彩,一只马蹄踏着一只燕子,衬托出奔马凌空飞驰的运动感。自出土后,这件被命名为《马踏飞燕》的青铜器立刻成为国宝以及丝绸之路的象征。这也提醒了我们,开往《马踏飞燕》发现之地——武威的汽车一小时后就要出发了。

我们从门卫那儿取回背包,招手拦下一辆出租车,奔向汽车站。除了博物馆,兰州也没什么好看的景点了。如果有晚一点的汽

彩陶

车的话，我本来可以去游览兰州最著名的两大公园：五泉山公园和白塔山公园。

　　五泉山公园是我们年轻的将军霍去病于公元前121年曾经去过的地方。我们离开西安几个小时后曾参观过他的陵墓。当年，霍去病大军经过此地，士兵饥渴难耐，无水可饮。霍去病怒而拔剑击地，连击五下，五眼泉水应声喷涌。士兵饮泉解渴，一路行军，大胜匈奴。泉水从此喷涌不息，而它也为兰州的五泉啤酒提供了优质水源。

　　但是，汽车只此一班，所以我们没有时间游览五泉公园，更没时间游览白塔山公园。白塔里存放着13世纪于此地去世的西藏喇嘛的遗骨。但是白塔山公园值得一看的不是白塔，而是从白塔山上可以眺望的美景。从旅游宣传册的照片上看，白塔正好俯瞰临近庙宇的瓦顶，以及远处有"天下黄河第一桥"美称的兰州黄河铁桥的英姿，还有河水激起的朵朵浪花。后来我们才知道，原来不用去白塔山公园也可以欣赏到如此美景。我们乘坐的汽车先穿过铁桥，然后爬上塔后的山坡。从车窗里，我们就可以俯瞰临近庙宇的瓦顶、铁桥的英姿，以及河水激起的朵朵浪花。

　　我们离开了兰州，它和我们来时一样，好像一个躺在手术台上被麻醉了的病人。

黄河第一桥——兰州中山桥

第六章
武威：昔日要塞今何在

我们就这样进入风景如画的群山，开始了我们的河西走廊之旅。从地图上看，甘肃省看起来像一根骨头，略宽的两头中间夹着长长的峡谷，西边群山高耸，东边是一望无际的沙漠。河西走廊绵延一千多公里，最窄处只有六十公里宽。这里便是汉朝试图控制丝绸之路的第一站。为了获取并维持对丝路的辖制，河西走廊沿途设有多个要塞。

其中最小的一个要塞是骊靬。丝路是一条不同寻常的路，你永远都不知道出现在这条路上的下一拨人会是谁。与骊靬有关的故事始于公元前53年，克拉苏率领的罗马军队与游牧民族帕提亚人在伊朗北部一个叫卡雷的地方相遇。罗马人以前从未与擅长马上作战的骑兵交锋过，因此惨遭屠戮。两万多名罗马士兵，包括克拉苏本人战死沙场，一万多人被俘。

十七年后，即公元前36年，一支在丝路西部作战的中国军队在今乌兹别克斯坦一带打败匈奴军，俘虏中有一百四十五名罗马人。显然，他们是卡雷战役中的幸存者。作为职业战士，罗马人不再效忠匈奴，他们归顺了汉人，并随汉人一路回到了河西走廊，在骊靬戍边终老。如今骊靬早已不复存在了，住在这里的罗马人也早已辞世。但在离骊靬不远的地方，汉人设立了河西走廊上的第一个要塞。这就是武威，我们从兰州坐车五个小时后所到达的地方。这次旅途非常愉快，一路穿越绵延起伏的红色群山和褐色峡谷，道路平坦顺畅；但是天气奇冷，还下着雨，我们到武威时，有一半的行装都裹在了身上。

武威这个丝路城市与丝绸之路很搭调：平坦而多尘。但是，和其他丝路途经的城市有所不同的是，武威是中国汉代在河西走廊建立的四大要塞之一。我们从汽车站往北走，来到两千年前为抵抗匈奴而建的巨大的砖土城墙，穿过城墙上的豁口，在城墙内一家破旧的旅馆放下行李，租了两辆自行车。武威没有公交系统，而三轮车夫载外国人游览一圈要价竟然是当地人的五倍，少一分都不拉。所以我们就自己骑车去著名的出土《马踏飞燕》的遗址。《马踏飞燕》是于1969年在一位汉朝将军墓中与其他一批珍贵文物一起发现的。其他的文物我不太了解，不过《马踏飞燕》背后的故事我很清楚。

飞马的原型曾为北方游牧民族的一位首领所有，后被一位叫"黑虎"的汉朝将军俘获，战马几次救了汉朝将军的命，甚至还救过太子的命。在那个时代，战马是作战的关键，因此它的形象制成青铜埋在武威，名垂青史，并非偶然。事实上，武威一带仍然是中国最大的养马中心。

中国军队的山丹军马场就在此处往西不到五十公里外的祁连山山麓中。它是亚洲最大的马场，占地一万多公顷，平均海拔两千三百米，三面环绕着四千多米高的山峰。对大多数人来说，那里太冷了，但是马可不怕冷,那里饲养的马匹中有能驰行千里的汗血宝马。两千多年来,这里一直是马儿们的家园。以前匈奴及其他游牧民族就在这里养马,汉人夺取丝路控制权时最先攻打的地方也是这里。丝路上驮载沉重货物的是骆驼,可夺取丝路、载人打仗的却是马匹。武威《马踏飞燕》的艺术价值与中国人在城西五十公里外的山上养马所花费的用心相比,微乎其微。

山丹军马场对我们来说太远了,但我们去参观了出土《马踏飞燕》的墓址。在市中心北边一公里处,我们停好自行车,走下通往地下墓室的走廊,《马踏飞燕》就是在这里发现的。但是一个坟墓有什么可看的?黑暗潮湿以及蛆虫让人不寒而栗。它不过是汉朝某将军的一座墓而已。墓顶上有个雷公庙,那是将士祈雨或祈求打胜仗的地方。雷公腰上绑着一排神鼓,如果雷公被将士说动,敲响神鼓,鼓声便可降雨驱敌。过去,丝路上人们谈论的就是这些——雨水和匈奴。如今,人们谈论的是石油和游客,从庙里香火不盛的情况来看,雷公还真的管不了这些东西。

我们跨上自行车,骑回城里。途中看到一座佛塔——罗什寺塔。塔高约三十米,檐下垂着铃铛。它们在风中吟诵着这样一个故事。

很久以前,匈奴盟国准备攻打罗马时,前秦将军吕光受命率七万大军从长安出发,前去征服丝路上的龟兹国(今新疆库车)。他还受命把龟兹国最有名的人物——佛教高僧鸠摩罗什带回长安。鸠摩罗什是著名的佛经翻译家,前秦皇帝听闻此人,想亲耳听他讲经说法。吕光攻占龟兹,俘获了鸠摩罗什,动身回朝。走到姑藏(今武威),吕光得知新皇登基,审时度势,决定不再返回,而是自立王

马踏飞燕

国——后凉，建都姑藏。鸠摩罗什在尘土飞扬的要塞——武威被囚禁十七年，直到后秦占领后凉之后才把他解救出来。

在启程近二十年后，这位佛教高僧终于被迎进长安。皇帝把鸠摩罗什安置在皇宫旁边的一座园子里，配备三千学者供其差遣，协助他翻译佛经。但是鸠摩罗什基本不需要他人帮忙。在囚禁期间，他已经精通汉语，完全可以把佛经从梵文译成汉语。这些翻译作品流传至今，已经成为中国文学的瑰宝。

皇帝被鸠摩罗什的才能所折服，决定进行一次优生学实验。他令十名宫女轮流服侍鸠摩罗什。高僧是否屈从，或这次实验是否成功，并无历史记载，但鸠摩罗什每次讲经说法时，总是教导听众"只采莲花，莫取臭泥"。鸠摩罗什死前起誓，如果他的翻译与解说不离佛祖本意，就让他焚身后舌头不要被烧坏。果然，他死后，尸身火化，而舌头则完好无损。

虽然鸠摩罗什的骨灰存放在长安城外的一座墓塔中，但他的舌头准备被护送回故乡龟兹国。护送返乡途中，他的舌头在武威再次被拦截，如今就放在我们在街上看到的这座罗什寺塔中。那是5世纪初的事了。和鸠摩罗什的舌头一样，罗什寺塔也依然完好如初。这是中国最早建造的佛塔之一，塔高十二层，与后来长安及中国各地建造的巨大却平淡无奇的佛塔相比，此塔相当玲珑可爱。可惜，我们只能在街上观看，如今罗什寺不再是宗教场所，而是当地武警的练兵场，外国朋友不受欢迎。我们只能在远处瞻仰，然后继续骑车前行。

武威在两千年前设郡时称作"凉州"。从此它在这一地区的历史上扮演着十分重要的角色。我们在下一站目的地——武威博物馆大致了解了它的历史。博物馆里最重要的文物之一，是二百年前从城中出土的一块石碑。这块11世纪设立的石碑为我们讲述了这样一个故事。

11世纪时，一支被称为拓跋的游牧民族与其他游牧民族联合建立了西夏国。不久西夏就建立了自己的王朝，最终从汉人手中夺取了对中国西北部地区的控制，包括河西走廊在内。武威从此成为仅次于西夏王朝首都兴庆（今宁夏银川）的第二大城市。

其后二百年间，西夏成为漠北大蒙古国的眼中钉、肉中刺，成吉思汗把歼灭西夏作为自己最后的重任。历史学家把歼灭西夏战役称为蒙古历史上最传奇的篇章。1227年成吉思汗去世，西夏灭亡。对武威来说，幸运的是，守城将领投降蒙古，保住了全城人的性命。但是，蒙古人要全力清除前朝遗留的所有痕迹，包括语言。他们差一点就成功了。显然有人把这块石碑埋藏起来，留下了此段记载，为现代语言学家破解消失了九百年之久的一种语言提供了至关重要的帮助。就在我们了解这段历史的过程中，博物馆的管理员告知我们要关门了。正好我们也累了，吃晚饭、喝啤酒、洗个热水澡、上床睡觉，丝路上又一个漫长的一天结束了。

这也无妨。去探索武威的夜生活只能带来失望。如今的武威怎能与以前相比？唐朝时，中国最大的节庆是正月里的元宵节。有一年元宵节，唐玄宗自认功盖前朝，便问他的国师是否见过如此盛大、歌舞升平的花灯会。国师很诚实，也见多识广，他请皇上闭上眼睛，想象一下天上的神仙是怎样过元宵的。皇帝闭上眼睛，想象着天宫里灯火辉煌，香烟缭绕，鼓乐齐鸣，歌舞欢腾。等皇帝睁开眼睛，国师便说武威的元宵灯会就是他刚刚想象中的那个样子。

武威是亚洲音乐传入中国的窗口，过去的凉州百姓半数人会弹琵琶。可是我们来迟了一千年。我们整夜听到的不是琵琶声，而是窗外水泥搅拌机的轰鸣声。武威正在努力追赶着20世纪的脚步，它足足落后了五十年。

第七章

河西走廊：戈壁中的绿洲

第二天我们登上汽车向河西走廊进发。河西走廊夹在两种完全不同的地形之间。其西南方向是绵延的祁连山脉。东北方向则是无垠的腾格里沙漠。腾格里在蒙古语中的意思是"广阔的天空"。腾格里沙漠是中国第四大沙漠，面积约四万三千平方公里。武威是中国沙漠治理的一大中心地。我沿黄河旅行时，曾与兰州沙漠研究所的科学家交谈，他们说中国的沙漠面积占国土总面积的百分之十，而且每年还在以现有沙漠面积百分之一的速度增长。照这个速度，百年之后中国国土总面积的百分之二十都是沙漠。

我们从武威向西北方向前进，公路穿过一段戈壁滩。外国人听到中国人用"戈壁"这个词形容不同的沙漠地区时都有点糊涂。真正的戈壁滩在哪儿呢？真正的戈壁滩，至少地图制作者命名的那个戈壁滩在蒙古境内。其他这些沙漠之所以都冠以"戈壁"这个名字，是因为戈壁在蒙古语中意为"砾石滩"，出武威的公路穿过的就是这种典型的戈壁风貌。这条穿过戈壁滩的公路路况不错，铺着沥青，非常平坦，宽度足以会车。但不久我们就见到了一场车祸：一个人趴在路边，自行车拧成了麻花。肇事司机早已逃逸。

戈壁滩

我们继续在戈壁滩上穿行，右手边出现了中国最伟大的建筑奇观——长城。对，长城始于太平洋沿岸，绵延万里一直延伸到中亚的沙漠腹地。大多数游客只见过北京北边的山岭上蜿蜒起伏如灰色巨蛇般的那段长城，但甘肃境内的这一段更为壮观，只不过它不再呈蛇状起伏。这里土地平坦，城墙高达五米，呈褐色线条状沿河西走廊的东边绵延一百公里。其具体位置介于古代的军事重镇武威和我们下一个目的地——张掖之间。

这段长城是公元前 2 世纪为抵御匈奴侵略而建，大约是在霍去病将军等人最终把匈奴赶出河西走廊的时候。据说霍将军的旧日营帐在山丹县城南仍隐约可见。我们去张掖的路上曾在此短暂停留。

这段长城不仅把匈奴挡在西部边境之外，还迫使他们远离了最好的牧场。匈奴之前的成功在很大程度上依赖他们优良的马匹，一旦失去了对河西走廊一带草原的控制权，他们对汉人的优势便不复存在。长城内的草原如今仍是中国最好的牧场，即我之前提及的山丹军马场。

山丹是武威和张掖之间唯一仅存的文明迹象。19 世纪 20 年代，新西兰人路易·艾黎来到山丹，建立了他的第一所手工艺学校。艾黎是一名左翼传教士，也是为数不多的经历了中国"文革"的西方人之一。他于 1987 年去世，山丹县修建了一座博物馆以纪念他为山丹所作的杰出贡献。这些都是我们听说的，我们的车子只在山丹停车片刻，载上几名乘客后便继续向张掖驶去。

和武威一样，张掖也是因为军队而存在。武威是中国在河西走廊设立的第一个永久性军事重镇，张掖是第二个。这两个城市在其他方面也有许多共同之处。武威守卫在中国第四大沙漠腾格里的前沿，而张掖则守卫在第三大沙漠巴丹吉林的前沿。巴丹吉林沙漠面积四万七千平方公里，其中，百分之二十是流动沙丘，百分之六十是大沙山。一般沙丘平均高度不到五十米，但是大沙山的平均高度达三百米，而且绵延几公里长。这里唯一的水源碱性太大，不能饮用，商队在跨越了这样的地理环境后，肯定会觉得张掖如天堂般美好。其实，张掖古称"甘州"，即"甘甜的绿洲"。而武威又称"凉州"，即"凉爽的绿洲"。从"凉爽的绿洲"出发后五小时，我们驶入了"甘甜的绿洲"，入住甘州宾馆，结果发现它其实就是个臭水坑。

在我们一路上住过的所有宾馆中，甘州宾馆是最差的一个，虽然也有几个比它好不了多少的。我们花了差不多十五美元，住进了一间还不如拉牲口的货车车厢干净的客房。我们走上地毯时，腾起一团尘土。床铺摇摇欲坠。服务员告诉我们房间里有浴室，可是他没说浴室里没有马桶。我也不想提楼下大厅里的公共粪坑是什么状况了。晚上九点半浴室里才来热水，颜色像菜汤。房间里唯一能用的物品只有衣帽架。

自然，我们把注意力转向了城里。时间刚过正午，门口处倒是挂着出租自行车的牌子，可是宾馆那两辆年迈的二轮车好像被击倒在地的拳击手，不能指望它们穿行在车水马龙中。于是我们走出大门，招了一辆三轮车去观光，至少比待在房间里舒服多了。

我们的第一站是张掖最著名的景点——大佛寺。走进寺院，我们在一个亭子前驻足，几位音乐家正在亭子里开一场即兴音乐会。他们的演奏让人回想起一千多年前张掖举行的另一场音乐会。

那是 609 年，丝路各国的音乐家跟随君主、使臣以及各界显贵齐聚在此。他们来此是为觐见中国皇帝。对，就是中国皇帝。那么，中国皇帝为何远行来到河西走廊的中部呢？当时中国的统治者是隋炀帝，三年前的公元 606 年，他巡游了刚刚竣工的连接黄河和长江的运河——隋唐大运河。载重五百吨的船队舳舻相接，绵延百公里，浩浩荡荡，颇为壮观。皇家随从一路所需的补给掏空了沿途各地以及宫廷的财政，但是皇帝龙心大悦，于是在巡视完大运河后，他决定西巡丝绸之路。

皇帝于公元 609 年启程，他并没有经过兰州和武威，而是选择了南线，经炳灵寺石窟和青海省，在祁连山的扁都口进入河西走廊。当时正值七月上旬的盛夏时节，但祁连山与其他的山脉一样，天气变幻无常。一场暴风雪突如其来，掩埋了皇家卫队。士兵及随从冻死者达数千人，皇帝一行抵达张掖时肯定已经威风尽失、狼狈不堪。但是，悦耳的音乐和动人的舞蹈使隋炀帝再次龙心大悦。他邀请所有的演员，一共一万八千名，随他回到都城，由此中国的音乐舞蹈发生了巨大的变化。

佛寺里音乐家的演奏使得大佛昏昏欲睡，我们继续前行，在大殿里看见了当时中国最大的卧佛。从美学角度看，大佛并无特别之处，但是，正如宣传中所说，它体型庞大，从头到脚身长三十五米。建造大佛时，工人们先搭起一个木架子，然后在架子上绑上稻草，最后糊上几吨重的黏土和颜料。大佛建于 1098 年，建成卧姿并不为奇。

塑像建造的过程比它本身更有趣。11 世纪末的一天，一位僧人听到美妙的乐曲声，跟随音乐来到了如今庙宇矗立的这个位置。但

大佛寺白塔

是他什么也没发现，甚至连乐师也没有。音乐好像是从地下传上来的。僧人觉得很奇怪，便挖开地面，你猜他发现了什么？原来是一尊小小的玉卧佛！这个发现太不可思议了，于是僧人决定在这个地方建一座寺庙，并尽其所能建一尊最大的卧佛。这就是张掖卧佛的由来。

除了佛祖涅槃的塑像，殿里还有佛祖十大弟子的雕像，都肃立在佛祖的身后，因为失去了伟大的"导师"而忧心忡忡。这是个悲哀的景象，于是我们没有在此久留。

我们回到三轮车上，从大佛寺继续前行，到达张掖第二大景点——木塔。木塔并不远，跟大佛寺只隔着两条马路。但与大佛寺不同，这里冷冷清清，甚至连卖票的人都没有，我们便从敞开的大门进去了。木塔与我们先前见过的塔都不一样。首先，木塔是八角形，共九层，每一层的八个角上都刻有龙头；其次，塔身是个完整的木架，内壁由砖砌成。白粉刷墙，木梁裸露在外，别具一格。木梁纵横交错，一直到离地三十二米高的塔顶。

在鼎盛时期，张掖木塔名扬丝路各国，遥远的波斯王国的历史学家都曾提到过它。如今，它仍屹立不倒。我们悄悄地来，又悄悄地离开了长满荒草的院子。还能做点什么呢？我们想起了进城时路过的鼓楼，据说这是丝绸之路上最大的鼓楼。但是我们以前早就看过很大的鼓楼，现在只想看点特别的东西。我们和一个出租车司机交谈了一会儿，他建议我们去拜访丝路上最小的一个少数民族。

张掖西边六十公里外的肃南县是吃羊肉、喝奶茶的马背民族——裕固族的家园。据1990年第四次人口普查数据显示，中国有一万二千

张掖木塔

名裕固人，其中有百分之九十住在肃南县。与丝路上的其他少数民族一样，裕固族的历史可谓是一部迁移史。裕固的祖先是两千年前被汉人赶出河西走廊的匈奴中的一支。大约在公元4世纪，这支匈奴人开始自称为"回纥"，而裕固人的祖先却自称"黄头回纥"，他们沿丝路北部地区，在库车附近的草原放牛牧马养羊。但库车位于他们现在的居住地以西一千多公里处，裕固人是怎么来到河西走廊的呢？13世纪成吉思汗横扫库车时，裕固人臣服于他，开始信奉藏传佛教。但两个世纪后，当帖木儿横扫中亚时，裕固人拒绝放弃他们的信仰，从库车北部的草原逃到了张掖西边的草原。

从撒马尔罕的大本营出征，帖木儿已经把今伊朗和阿富汗变成了其附属国，并占领了今土耳其东部领土的大兰、俄罗斯南部以及印度北部等疆域。他的下一个目标是中国，并在库车聚集了庞大的军队。裕固人向官府报告"要警惕帖木儿的计划"，但中国人却对帖木儿不屑一顾，认为他不过是另一个边境流匪而已。幸运的是，帖木儿暴亡，他的继任者放弃了侵略，赞成以和平方式传播伊斯兰教。

虽然帖木儿的继任者改变了宗教政策，但裕固人已经无法返回故乡，于是，他们定居下来，在祁连山四千米高的雪峰下的草原上放牧。我们出发去前往时，已是傍晚时分，可司机认为我们可以在天黑前赶回来。唉！谁知道半路上他的出租车出了故障，我们只好搭过路的卡车回到了张掖。寻访裕固族的冒险之旅泡汤了。我们只能唉声叹气地回到悲惨的甘州宾馆，大口吃羊肉，大碗喝啤酒，聊以慰藉我们的凄惨。

第八章

向前：长城尽头流浪开始

我们巴不得赶紧离开张掖，于是第二天上午便乘第一班车出发了。巴丹吉林沙漠无垠的大沙山又一次呈现在我们左侧，右边则是祁连山那白雪皑皑的山岭。从张掖开始，公路沿着山根一路蜿蜒向西，我们第一次见到了在戈壁滩上吃草的骆驼群。毫无疑问，我们这不是在堪萨斯。

这些是双峰驼，又称大夏驼——大夏是古代阿富汗地区一个国家的名称——以区别于单峰的阿拉伯骆驼。我们坐车奔向下一个目的地时，最好给它们正一下名。没有人确切知道人们是什么时候开始驯化骆驼的，也不知道这两种骆驼中的哪一种最先被驯化。四千年来，这两种负重牲口把丝绸之路一分为二，阿拉伯单峰驼更适应中东和南亚一带低海拔的炎热沙漠，而大夏双峰驼更适应中亚高海拔的砾石沙漠。大夏驼比阿拉伯驼矮，但更健壮，尤其是其厚密的皮毛能抵御各种气温。两种骆驼的嗅觉都极其灵敏，几公里外就可以顺风嗅到植物、水源的气味。遇上沙尘暴时，它们的鼻孔可以关闭，同时其双重眼睑也可以防止风沙进入。它们也许不是世界上姿态最优美、外貌最英俊的动物，但正如阿瑟·柯南道尔所说："你要知道，这种动物可以一天不吃不喝，且载重二百多公斤行走三十多公里。"

四个小时后，我们到达酒泉。酒泉是两千年前继武威和张掖之后，中国在丝路所设四郡之第三大要塞。公元前121年，霍去病为了把匈奴驱逐出河西走廊，率军在酒泉对敌发动总攻前的最后一战。为了表彰霍去病取得大捷，皇帝送他一坛美酒，霍去病并没有贪功，而是把坛中酒倒入泉水，与全体将士共同分享。不久，大家就开始把此地称为酒泉。

我们在酒泉城南下车后，雇了一辆三轮车。车夫帮我们装上行李，带我们开启了酒泉之旅。游览自然要从古泉开始。在泉湖公园内的葡萄架下，泉水仍在汩汩流淌。泉中洒满了银光闪闪的硬币，我一直纳闷全世界各地的泉水里到底有什么，引得人们都对它们慷慨解囊。肯定是我们基因中的什么东西，又或许是祖先对自然神灵的崇拜，比如村里的大树或水井什么的，给我们留下的精神传统。无论如何，酒肯定是一种新奇的献祭品，在古老的酒泉被当地人永远铭记。

进城的路上，我们在当地博物馆停了一下。它是那种典型的摆满了石头、骨头和破碎罐子的博物馆，但其中有一个展厅很特别，展出的是于1977年在城外一座4世纪墓葬中发现的一幅长约三十三米的壁画片段的复制品。壁画生动地展现了一千六百年前中国社会的景象：人间景象、地狱魔鬼以及天上的神灵（包括太阳上的三足乌鸦和月亮上的三足蟾蜍）。

为什么太阳上有乌鸦，月亮上有蟾蜍呢？原来，太阳是宇宙万物间最明亮的一个，而乌鸦最喜欢发光的物体。太阳掌管天空，月

西汉酒泉胜迹

亮掌管大地，而蟾蜍喜欢土地中黑暗潮湿的凹处。那为什么它们都是三条腿呢？因为"3"是个完美的、除不尽的数字。这就是我们在博物馆看到的全部。

我们回到三轮车上，去往市中心与鼓楼仅有一条马路之隔的一家生产"夜光"酒杯的工厂。其实杯子在黑暗中并不发光，只是在光线不强的地方才发光。杯子由墨绿色的玉石制作而成，壁薄如纸，纹理透明。三千年前周穆王路过酒泉时，此地官员曾向他进献过这样一套夜光杯。而我们只能自己花钱买了，但的确物有所值。我们期待在下一个月圆之夜用上它们。

酒泉作为河西走廊四大重镇之一，虽然历史悠久，但其地上遗迹只有位于城市正中央的鼓楼。鼓楼最初建于公元346年，有四门通向东南西北，北通沙漠，南望祁连，东连长安，西接丝路。现存的鼓楼为清朝光绪年间重修，历史不足一百年，游览的意义不大。我们绕过鼓楼，直接到汽车站乘车西行二十二公里即到下一个目的地——嘉峪关。

嘉峪关是河西走廊的交通要冲，守卫着通往敦煌的关隘。虽然城楼仍巍然屹立，但是嘉峪关现在是个大工业园区，到处是生产肥料、钢铁和水泥的工厂。城市不算小，甚至还有一路公交车；这里也很富裕，建有两所医院，我们住进宾馆后不久就去了其中一所。

这次旅行刚开始不久，我就气管炎复发，幸亏芬恩带了四环素，连吃四天后我已近痊愈。现在轮到芬恩了，而四环素已经吃完。我们赶到城里一家医院的急诊室，那情景简直就是一所流动军队的外科医院：尿骚味和消毒水味飘荡在通往候诊室的走廊里。芬恩请值班医生开一些抗生素,他却建议照 X 光。芬恩坚持只开药,于是那医生从满是肥皂水的托盘里挑出一根弯曲的针头,芬恩吓得夺门而逃。

于是我们又返回宾馆,芬恩试图自己与支气管炎症做斗争。既然当地医院是个饭桶——如果不能称之为噩梦的话,我们只好寄希望于当地药店的妙手了。我们运气还算不错,在药店买到一种名为"SMZ"的磺胺类抗生素,药效很不错,芬恩很快退了烧。我们新买的夜光杯也很快就派上了用场,斟满中国白兰地,我们举杯邀明月同饮。

嘉峪关在中国历史上的重要地位始于汉朝,那时它是河西走廊上新建军事重镇和丝路沙漠王国之间的检查站。随后的几百年间,它作为军事重镇的作用日益增强,此地也一直建有关城。第二天上午,我和芬恩雇了一辆轿车,去参观现存的关城。关城建于城市以西六公里的一个断崖之上,它南邻祁连雪峰,北靠马鬃山。站在城楼上可以俯瞰穿过沙漠通往敦煌的公路。如果有商队或者军队从西边进入河西走廊,站在城墙或瞭望塔上一眼可见。

现存的嘉峪关关城建于 1372 年,那是汉人从蒙古人手中夺回王位,把他们赶回长城外后不久。我们从东门由外城进入内城,这里曾经有兵营驻扎,唯一完好的建筑是一座战神庙——关帝庙。在庙里拜祭过后,我们沿台阶登上古城墙最高处,放眼望去,沙漠浩瀚。西门外几百米处有一个亭子,远行者常在那里驻足,最后望一眼故乡。

"关"在汉语中意为"关隘",建这个关城就是为了守卫嘉峪关

嘉峪关古长城

口。嘉峪关称得上是整个丝路上最雄伟的建筑。它的外墙高达十一米，周长七百五十米，内墙稍矮一些。19世纪之交，两位西方旅游者在参观过嘉峪关之后，写道："景色凄凉，无以言表，如果人类的悲伤曾经在哪个地方的空气中留下过痕迹，那一定是嘉峪关。几百年来，经过关口的是无数绝望的人流——失宠的官员、获刑的罪囚、无家可归的浪子、恐惧的逃犯。这些人的足迹汇聚在一个阴沉的关口，经过此处后就永别了出生之地。城墙上写满了由一颗颗破碎的心灵泣血而作的诗歌。"

古时有个习俗，经嘉峪关西行的游人穿过城门后，要向旁边的墙上扔一块石头。如果石头弹回来，这意味着他们能重返家乡；如果石头落在地上，就再也见不到家人了。城门旁边的那段城墙早已坑坑洼洼，旁边建有一块牌子提醒人们不要向城墙扔石头。可我们还是偷偷地扔了块小石头，然后穿过城门，沿着一条崎岖的道路去看一看长城尽头。这段长城从城楼开始，消失在马鬃山上。我们一路走着，来到一条小溪边，一位颇有商业头脑的"企业家"在此布置了帆布躺椅，为游人提供有偿服务。我们在河边的柳荫下，啜着甜茶，打起了哈欠。我们已经到了长城的尽头，无所事事，只能打哈欠了。

两千一百年前，当古代中国人修建的万里长城延伸到河西走廊时，长城经过嘉峪关一路通到敦煌。但随着时间的流逝，嘉峪关到敦煌这一段被废弃了。14世纪时朝重修长城，只截止到嘉峪关。从那时起，嘉峪关就被认为是起始于四千公里外太平洋岸边的长城的终端。

为了纪念本市与这座凝聚着人类智慧和劳动的历史丰碑之间的

天下雄关——嘉峪关

关系，嘉峪关建造了一座形似长城的长城博物馆。我们打的前往博物馆，在那里观看了中国东北常见的石砌长城以及西北土筑长城的仿造品。用土夯筑的长城展现了一层夯土一层稻草的建造方式，稻草使得墙体颇具弹性，不易开裂。除了长城复制品和几个模型外，博物馆用带有汉字标题的黑白照片说明了长城是从外太空唯一可见的人造物体。尽管博物馆投入了大量人力和资金，且建筑风格新颖别致，我们还是很失望，因为它对第一个建造长城的人只字未提。这座人类创造的浩大工程的背后到底有哪些故事、战争、悲剧和意义？

据我所知，第一个建造长城的人名叫蒙恬，幸好我知道一些关于他的故事。

自公元前221年秦始皇统一中国后，他便下令修建长城，以抵御北方游牧民族的不时来袭。他把这个艰巨的任务交给大将蒙恬。蒙恬召集三十万大军，行进八百公里来到内蒙古。蒙恬的部队在内蒙古境内东西排开，在与匈奴作战的间隙修建了两千公里的长城。它与当时现存的长城连接起来，绵延三千五百公里，从太平洋一直到兰州以南的黄河上游流域。

蒙恬还有一件更鲜为人知、但同样突出的功劳，那就是修建了一条把首都咸阳和新建长城连接起来的重要军事要道，即秦直道。这条路有些路段至今仍依稀可辨，它在山区一带宽五米，平原一带宽达二十五米。据说蒙恬在业余时间还发明了中国书法创作时必不可缺的工具——毛笔。但是蒙恬的功劳招致了他人的嫉妒。秦始皇死后，宦官赵高伪造了一封遗诏，命蒙恬自尽。因蒙恬知道遗诏为赵高伪造，故拒绝听命。但是秦始皇的继任者——胡亥是赵高的傀儡，蒙恬最终被逼自尽。他的坟墓俯瞰着长城内的这条军事要道。

虽然嘉峪关博物馆对修建长城之人只字未提，但在一个展厅看到几具"女干尸"后，我们的失望之情才稍许平息了一点。我之所以认为它们是女性尸体，是因为它们的胸部和腹股沟都被盖起来了。展品中还包括几十块装饰在发现尸体的墓壁上的彩绘砖。我注意到有几幅画描绘的是妇女采桑养蚕的情景。为了维护对丝绸的垄断地位，中国人尽力不让西方世界发现他们纺织的秘密。直到6世纪波斯人和印度人才最终揭开这一谜底。出土彩绘砖的坟墓属于6世纪时期，这也许并不是巧合。

我们的好奇心被勾起来了，于是立刻赶往出土彩绘砖和干尸的坟墓。城东的戈壁滩上有上千座这样的坟墓。它们看起来就像沙海中的波浪，都可以追溯到一千五百年前，当时嘉峪关和该地区其他边塞的居民因战乱和干旱而大批死亡。最近几年，考古学家发掘了其中十三座，并对公众开放。

管理员打开了一个貌似地上户外厕所的房门，原来里面还有楼梯通往地下的墓室。墓室的墙壁上贴着与博物馆一样的彩绘砖，看来墓主人生前生活富足，死后也很风光。可是，尽管墓室顶部有照明设备，里面还是黑暗潮湿，令人毛骨悚然。我们不禁自问，跑到别人家的坟墓里来干什么呢？也就是这个时候，我们觉得，趁着能喝，还是尽情地享受冰啤吧。

我们又返回了嘉峪关宾馆。宾馆一晚的房费是一百七十元人民币，即三十五美元，是目前为止我们住过的最贵的地方。价格绝对虚高。我们登记入住时，服务员指着她后面牌子上的两颗星为高房价辩护。中国旅游局授权酒店依据星级标准收费，旅游局则对星级宾馆定期检查。这种星级评定绝对有猫腻，我们一度想把那块牌子翻过来，看看那背后到底有几颗星——抑或是一颗星也没有。病急乱投医嘛。

我们刚到嘉峪关时，俩人的支气管炎都还没有好利索，所以一回到房间，我们就决定下午喝点啤酒，补写日志。有一个景点我们不得不放弃，那就是祁连山"七一冰川"。嘉峪关地处贫瘠干旱的荒原腹地，但是一百公里外却有一处冰川。1958年7月1日，中国科学家发现了这片冰川，因此取名"七一冰川"。但是去看冰川要花两天时间，所需费用远超我们的预算，而且还要爬山。所以，吃过晚饭，我俩坐在我们入住的二星级（也许是一星级）宾馆的阳台上，舒舒服服地观看夕阳西下，直到一轮明月照亮了祁连山白雪皑皑的冰峰。

第九章

敦煌：神与人，哀伤与辉煌

第二天，我们循着丝路上新老旅行者的足迹走出了守卫嘉峪关市的关城。古时候，商人在这里过关交税，旅行者在这里查验关文。一旦走到关外，他们便进入了茫茫沙漠，许多人在闯进未知之地前纷纷在城墙上提笔作诗，告别家乡。如今，人们仍然在墙上留下诗作，即便他们并不像以前那样生死未卜，伤心欲绝。

几十年前，朱德将军来到此地，留下了这样一首诗：

> 嘉峪关前产石油，
> 戈壁滩上建新洲。
> 六万人民齐跃进，
> 赢得繁荣争上游！

朱德诗中所指的新洲是嘉峪关以西一百五十公里外的玉门新城。玉门是中国第一座油田的诞生地，早在1938年就开始生产石油。朱德提到的六万人民组成了20世纪50年代的采油大军。其实，这里更早的石油开采可以追溯到汉代，那时的中国人就发现地下火泉喷出的黑色液体可以点燃，并把它泼向来犯的敌军。

此时，我们开往敦煌的汽车驶过了通往玉门的岔路口，继续向西北方向的安西县行进。安西是唐朝驻守在中亚的重镇，它无疑是丝路上最有意思的城市之一。但是过去的痕迹已经荡然无存。19世纪的穆斯林叛乱摧毁了整个城市，而它的新貌不值一提。汽车停下来载上几个乘客，便告别了河西走廊，转弯向西朝着敦煌前进。我们终于把祁连山雪峰甩在身后，眼前的景色换成了甘肃荒原上的灰红色山丘。

虽然从嘉峪关到敦煌要坐九个小时的长途车，但我和芬恩这么多天来第一次感觉不错：我们俩都退了烧。为了庆贺我俩的痊愈，芬恩在长途车上作了一首诗，以此来纪念在嘉峪关的最后一晚。

丝绸之路退烧

祁连山上，盛开一轮明月，茫茫戈壁，铺满珍珠般银光。

打开破窗，沙漠轻风拂面清凉，远望一队雪驼，痛饮欢畅。

九个小时的车程很漫长，但是，当我们在敦煌汽车站旁的饭店里发现冰啤时，旅途的劳累立刻烟消云散。我们来到了真正的绿洲。马路对面就是我们即将下榻的宾馆：飞天宾馆。飞天译成英语就是"flying apsara"，"apsara"指飞舞在佛祖旁边散花或吹笛的天神。可是我一说"apsara"这个词就结巴，于是我就用"asparagus"（芦笋）代替。如果有"飞天"读到这本书，我要对他们说声抱歉。

我们坐在飞天宾馆对面的饭店里啜着啤酒泡沫，这才突然意识到已经一天没吃东西了。我们看见厨房里有土豆,就请厨师切上几个,油炸一下。厨师有点迷惑,不过还是完美地执行了我们的指令。接下来的几天,我俩点了很多盘炸薯片,以至于这道菜都上了饭店的菜单。这也许是我们在丝路上对东西方文化交流所做的一个贡献——炸薯片。

解决了饥渴问题后,我们穿过马路,入住宾馆。飞天宾馆是精打细算的旅行者的夜总会,这倒并不是因为它很便宜。这里是敦煌,是每一个丝路上的旅行者都要经过的地方。飞天宾馆的价格还算合理:一百五十元人民币,即三十美元。但对精打细算的人来说,可以接受的价格是两到六美元,有个床位,大厅里有淋浴间就可以。然而,我们选择住在飞天宾馆并不是因为价格实惠,而是它的地理位置。

它就位于汽车站对面的马路上,寻找住处的游人最先在这里停下。而最终住在飞天宾馆的人们成为旅行情况的主要信息来源,不仅有关丝路消息,还包括进藏的交通路况,而拉萨只是刚刚对外国人重新开放。

另外,宾馆对面的汽车站提供了去往莫高窟唯一的廉价交通工具。这就是我们以及其他所有丝路游人到敦煌之后选择住在这里的缘由。

城东的莫高窟无疑是全世界最伟大的佛教艺术宝库。而这些洞窟的存在使得敦煌成为全中国最值得游览的地方之一。我们头天晚上买好了去往莫高窟的车票。黎明时分,客车便轰隆隆地出城,行驶在两边种满大麻的公路上,带我们来到通往莫高窟的岔路口。我们早就听说这种大麻只适宜于做麻绳,而非麻醉品。所以我们没必要为此跳出窗外，或在黄昏后偷偷溜回来。

　　我们安静地待在座位上，从敦煌出发四十五分钟后，我们来到了莫高窟。与中国其他各大旅游景点的漫天要价不同，莫高窟门票只需二十五元人民币，还算合理。雇一天导游又花去一百元，租手电筒还要两元。我们一切准备就绪，只待进入这个佛教艺术天堂。

　　"莫高"在汉语中意为"没有比之更高的"。莫高窟并没有多高，但洞窟内的佛教艺术确是中国、乃至世界的登峰造极之作。莫高窟始建于公元前2世纪，当时，汉人把匈奴赶出河西走廊，敦煌成为大汉王朝西北部的前哨。敦煌是丝路南北两大支路的交汇处，一条来自西北的中亚各国，另一条来自西南的北印度王国。作为大汉王朝最西部的前哨，敦煌成为丝路上那一地区最大的城市，并且因边关贸易而逐步繁荣。到公元2世纪，敦煌的常住人口已经达到八千。不久之后，大批佛教僧侣陆续来到敦煌，一是由于他们自己的国家因战争而动荡不安，二是出于传教的热情。很快，敦煌的主要市民就成为狂热的佛教徒，而为了宣扬他们的信仰，这些佛教徒出资在这里开凿了几百个佛洞。

　　第一批洞窟始建于4世纪中叶，与兰州西南的炳灵寺窟和天水东南的麦积山石窟差不多同一时期开凿。莫高窟历经大自然的侵蚀、战乱的破坏以及西方收藏家的掠夺，仍然保存比较完好。但中国人至今依然对莫高窟十七号窟发生的事件义愤填膺。

　　那是1905年，德国考古学家阿尔伯特·冯·勒柯克来到敦煌北边的城市哈密。他从一位商人那里听说敦煌发现了稀有的经卷文书，但由于急着返回喀什，于是他通过抛硬币来决定自己的去向，最终

敦煌莫高窟

硬币指引他去了喀什。两年后，奥莱尔·斯坦因一路循着传言，来到敦煌一探究竟。斯坦因已经劫掠了十多个古代佛教遗址，运走了一车车的塑像和壁画，把它们带回印度和英国。但是在敦煌，他发现了最大的战利品——印刷品。这些印刷品中有世界上最古老的印刷本，即868年印刷的《金刚经》。

《金刚经》是道士王圆箓发现的几万部文书中的一本。王道士自封为莫高窟的看守人，在修复洞窟的过程中，他发现了第十七窟中一面假墙后的文书。王道士清楚地知道这一发现的重要性，便报告了当地官府。但还没等官府把文书转移走并妥善保管，斯坦因便来了，并设法取得了王道士的信任。他只用了一百三十英镑便买走了上万本世界上最古老的书籍和写本，其中有许多是9～10世纪期间的珍本。第二年，法国人保罗·伯希和付给王道士九十英镑，获取了同等数量的文书精品。中国人至今仍为失去他们最伟大的国宝而痛心不已。藏经洞中一万五千卷文书[①]现大多散落于印度、英法等国的国家博物馆——这是洋鬼子在丝路上犯下的又一恶行。王道士当时急需资金修复洞窟，而斯坦因和伯希和则非常乐意帮忙。

十七窟其实只是十六窟的一个侧室。两个洞窟都是9世纪期间从沙石崖壁上开凿，用作一位著名敦煌高僧的私人佛殿，也许这就是两个世纪后人们用它来收藏经卷的原因。经卷的发现对佛教文献研究有着极其重大的意义，因为其中包括了许多已知最古老的佛教典籍。但是，需要告诫的一点是，最古老的写本并不意味着它就是

[①] 一说五万多卷。——译者注

最有用的。拿敦煌的这些写本来说,它们并不能构成一个真正的图书馆。大部分经卷内容都是歌功颂德,并且其中有无数的抄写错误,那些抄写人给朝圣客们抄写经文,以此谋生。其中许多经卷也许从未被人读过,只是抄写下来,作为庙里的供奉品,就像上香一样。然而,此后被称作"敦煌写本"的这些文书构成了古代世界唯一的、也是最重要的古文书收藏,包括世界上已知最早的书信形式。书信中主要介绍了醉客和宽容的主人之间进行的交流这一内容。

醉客在信中表达了因饮酒过量而胡言乱语,清醒后惶恐羞愧恨不能钻到地下的心情,紧接着他提出要尽早找机会弥补自己的过失。写本中还包括了主人一封得体的回信。在佛教经卷中居然藏着这样一篇文字,多么奇怪啊!但是,负责抄写敦煌写本的人乐意满足朝拜客的任何要求。哪个香客不想在行装中加入这样一封信呢?我也早就为自己抄录了一份。

这时,我们的导游结束了关于中国最伟大的文学宝藏被外国人窃取的讲述,我们继续参观莫高窟其余的宝藏——壁画。敦煌壁画分布在约五百座现存洞窟中的墙壁上,时代从4世纪到5世纪不等。尽管有些壁画的颜色已经褪去或氧化,它们仍然构成了中国最大的艺术画廊,成为研究丝路文化交流的丰富信息来源。

壁画的主题大多与佛教有关,特别是关于佛的本生,更确切地说,关于佛的多生。佛教教义的核心为因果报应,且因果报应可以延续多生多世。按照佛教的说法,身口意三业(即人的行为、言语和思想)就像一粒种子,迟早会结果,这个果就构成了我们每日的生活以及意识。从这个意义上说,成佛是经过多生努力多行善事、种下善果的结果。莫高窟的洞壁上就画满了释迦牟尼前生所行的善事，比如舍身饲虎。

然而，佛教的目标并非一味追求善果，而是要从因果中解脱出来，结束无穷无尽的生死轮回。释迦牟尼通过觉悟和涅槃就达到了这一目标。莫高窟大多数洞窟的后部都有一个佛龛，里面供奉着释迦牟尼彻底解脱因果的涅槃卧像。

除了佛陀的本生故事，大多数洞窟中描绘的另一个主题是佛教宣扬的极乐世界中的景象，尤其是阿弥陀佛的西方净土。据说那里的人们比起居住在我们这个娑婆世界的人们更容易摆脱生死轮回。要取得往生西方净土的资格，只需净心念诵三遍"阿弥陀佛"。阿弥陀佛，阿弥陀佛，阿弥陀佛。到西方净土了吗？

哎呀！当我们净心步入另一座洞窟时，突然注意到一尊塑像的头没有了，而在一尊佛陀塑像的身旁，本应有一座跪像的地方空空如也。墙面光秃秃的，什么也没有。导游预料到我们的疑问，解释说，消失的壁画和文物被兰登·华尔纳带走，现在保存在哈佛大学福格艺术博物馆。

华尔纳于1924年来到敦煌，像斯坦因和伯希和一样，他也为莫高窟的艺术宝藏所震惊，同时，他还预感到它们正面临的厄运。自从斯坦因和伯希和来过后，洞窟又遭到了劫掠，许多佛像的眼睛被凿掉。几百个逃亡的白俄罗斯士兵住过的洞窟也遭到不同程度的破坏。

这些破坏让华尔纳大为惊骇，他决定继续"抢救"这些艺术瑰宝。他再次贿赂了我们的老朋友王道士，王道士只关心他那些新造的佛像和绘画，只要华尔纳不碰它们就行。其实王道士根本不必担心，华尔纳对他的那些俗气神像和西方乐土一点都不感兴趣。

直到 20 世纪 30 年代，中国政府最终关闭了莫高石窟的大门，阻止了他们对丝路国宝的大规模转移。经过穆斯林洗劫、外国人的窃取以及自然的侵蚀，剩下的宝物已经不多了，但即使在今天，敦煌的艺术宝藏依然远远多于中国其他任何一个地方。在历史学家所估算的原有一千多个洞窟中，约有五百座已经从沙漠的侵蚀中抢救出来，其中三十座保存完好的已经对公众开放。我们花了一整个上午和半个下午时间游览莫高窟，仍意犹未尽，总觉得除了敦煌艺术之外还有许多值得一看的东西。

莫高窟位于鸣沙山东端的一面沙石崖上。鸣沙山一直绵延到敦煌市以及更远的地方，长达四十公里，宽约二十公里，如果你想以传统的方式体验一下穿越沙漠的经历，这的确是个好地方。但是，大多数游客只是去敦煌南边三公里处的沙丘短暂一游，其中一个沙丘高出周围的沙地二百五十米。回到敦煌后，我和芬恩的下一站就去往那个最高的沙丘。

鸣沙山就在城南，坐车一会儿就到。游客花不了多少钱，就可以骑骆驼登上沙丘顶端。我们选择了步行。可是真走起来要比想象中困难得多。由于双脚不时陷入沙中，我们最终放弃了爬沙丘，走回来去看月牙泉。

鸣沙的意思是"唱歌的沙子"。我想这个名字应该是来自风吹过沙丘时发出的声音。但是根据当地的传说，声音是很久以前被沙暴掩埋的人们所发出的呼喊形成的回声。吸引游人来城南沙丘的并非

鸣沙山

只是这些会唱歌的沙子，人们来此还因这里有一个月牙形的小湖，名叫月牙泉。自然，提起这个月牙泉我这里也有个故事。

很久很久以前，敦煌地区遭遇了一场大旱。水井干涸见底，树木枯萎，庄稼绝产，人们忧伤哭泣。一天，美丽而仁慈的彩云仙子偶然从天上飘过此地，听见人们哀怜的哭喊声。她被人们的哭声所感动，也开始伤心流泪，泪水落到地上，汇聚成池塘，人们欣喜若狂。但是，这种情况没有持续多久。沙魔王听说他的沙山中间出现了一池清水，震怒不已，便作法召唤来风暴，月沙子将水池填埋。人们再次因为面临死亡的厄运而悲痛万分。可是，彩云仙子不会那么容易屈服。她飞上天庭，请月亮女神把魔盘借给她。此时才刚初五，于是月神让彩云仙子再等十天，等月圆时才能把魔盘借给她。但是彩云仙子说，等到那个时候，敦煌人就都渴死了。

月神被彩云仙子救助人民的爱心所感动，便当即答应了。彩云仙子把魔盘藏在袖子中，回到了沙漠。她把魔盘放在沙地上，魔盘变成了一个月牙形的湖泊。看到自己的领地受到了威胁，沙魔王再次作法召集魔力，这次他的魔法失效了。黄沙每一次从沙丘上卷起，要掩埋湖泊时，就会刮起一阵神秘的风，把沙子吹回到沙丘。如今，风儿仍然在吹，月牙泉仍然静静地躺在沙漠中，而为了纪念这位很久以前从沙魔王手中救出善良百姓的仙女所建造的神殿也仍然屹立在此。看着茫茫沙海，我和芬恩口渴难耐，于是我俩急忙返回飞天宾馆，喝点冰啤，洗个热水澡。我俩都累坏了，天还没黑便上床睡觉了。

第二天上午，我们雇了一辆出租车去了城边上的一座小小的白塔。敦煌是两千一百年前大汉王朝在河西走廊所建的四大重镇中最西边、也是最后一个要塞。除了肩负守卫大汉王朝西部边陲的任务，敦煌也因为位于丝路南北分支的交汇处而拥有极其重要的战略地位。经(丝绸之路)北路到此的旅行者中就包括佛教翻译家鸠摩罗什，我们在武威已参观过保存着他的舌头的舍利塔。但是此处的这座白塔也与他有关。

传说鸠摩罗什来敦煌时骑着一匹白马，随后不久，马就病倒了。这匹马是鸠摩罗什忠实的伴侣，跟随他经历了千辛万苦。高僧千方百计想要挽回病入膏肓的爱马的性命，甚至睡觉都陪伴在马的身边。可是，一切都无济于事。某天晚上，白马似乎奄奄一息，它张开嘴对主人说："其实我是西海的白龙，因为从你的家乡来这里一路上危险重重，我立誓要把你送到中国传播佛法。从此往前，一路平坦，沿途旅舍众多。我就不远送了，咱们就此告别吧。"

一道炫目的白光闪过，等鸠摩罗什醒过神来，眼前只剩下白马的皮囊。为了纪念他伟大的坐骑，鸠摩罗什埋葬了白马的遗体，在上面建了一座白塔。看！它就矗立在那里，白粉刷过的砖墙在沙漠阳光的照耀下熠熠生辉，铃儿在沙漠微风中叮当作响，游客仍然络绎不绝，前来拜祭西海白龙。

参观过白马塔后，我们向西出城而去。除了城东的莫高窟古代佛教艺术，敦煌西边二十公里外还有一处新景点——敦煌影视城，又名"仿宋沙州城"。1987年中日合拍大型历史故事片《敦煌》时，它由摄制组以宋代《清明上河图》为蓝本，参考中国古代建筑风格精心设计而成。

敦煌白马塔

《敦煌》主要讲述了一位年轻人的一生。他参加科举考试后名落孙山，便来到敦煌，在西部边疆过着艰辛的生活。我们快到景点时，司机指着远处地平线上一条细细的黑线给我们看。不一会儿，那条黑线铺开，连成一片，遮蔽了正午的天空，空气中弥漫着飞舞的黄沙，打在身上生疼。狂风把人们从自行车上吹落，连我们乘坐的小汽车都被刮下路基。即使躲在车里，我们的身上还是落满了沙尘。两个多小时后，风势渐小，虽然沙尘依然飞扬，能见度很低，但司机坚持慢慢地往前开动汽车。

当我们终于到达影视城时，才发现这地方几乎空无一人。我们推开巨大的城门，买了门票，大摇大摆地走在大街上，就好像是两个穿越时空的神枪手。几匹马畏缩在一面土墙下避风，酒吧里空空如也，茶馆中也不见人影。我们沿阶梯登上城墙，眯起眼睛抵挡着飞沙。

从这里再往西就是古老帝国的边界。两千一百年前大汉王朝最初在敦煌设立军事要塞时，把长城又往西延伸了一百公里，这样他们就无需三更半夜起床对付前来骚扰的小股蛮夷。我们从城墙上下来，朝着古老的边境方向前进。

因为时间充裕，不必急着赶路，所以我们决定中途再去参观另外一个地方。离开影视城十五公里后，我们拐下公路，行驶两公里穿越无路可循的戈壁滩来到一条狭长的山谷边。我们从山谷边的停车场沿着阶梯向下，来到崖壁上的一组洞窟前，向下俯瞰便是党河。因为我们之前在敦煌东部参观过的莫高窟又称"千佛洞"，所以，我们现在即将参观的这些洞窟被称为"西千佛洞"。

敦煌影视城

大门紧锁，我们便大声喊叫，由此引来了洞窟管理员。他把我们领进了办公室。负责人说这些洞窟不对游客开放，但他随即又卖给了我们门票，管理员这才把我们带回到洞窟前。

　　洞窟有二十个左右，大部分都很小。墙上的壁画与莫高窟的相比，要简单得多，但其艺术价值毫不逊色。20世纪中国最著名的艺术家张大千，就曾在这些洞中待了好几年，以使他的绘画和墨彩技法臻于完善。我们在这里逗留了一个小时，然后继续上路。

　　我们继续西行，一个小时后一片绿洲突然映入眼帘。路边一条清澈透明的小溪水流潺潺，灌溉着周围的葡萄园和果园。绿洲那边的沙漠中有座小山，经年不倒的阳关烽燧耸立在山顶。道路就消失在烽火台之下。两千多年前，敦煌设为西部重镇时，阳关成为中国边境最后一个前哨，只有佛教徒和商人才敢越过此地踏上险途。

　　阳关位于敦煌以西七十五公里处，它是丝绸之路两大重要关隘之一。几千年来，中国人从昆仑山脚下的西域于阗国（今和田）进口最好的玉石。因此，运送玉石取道的那个关口就叫"玉门关"。到了汉朝，为了防止商客逃避过路关税，及防御入侵者围攻玉门关，政府又设置了另一个关隘。因为第二个关口在玉门关南面，因此它称为"阳关"。在汉语中，"阳"意为"阳光照耀的，阳面的"，也指"南面"。

　　这两大关隘中，阳关最令人感慨万千。有哪一个中国人没听说过8世纪唐代大诗人王维写的一首诗呢？他在渭城送别朋友踏上丝绸之路时写道：

阳关

送元二使安西

渭城朝雨浥轻尘,

客舍青青柳色新。

劝君更尽一杯酒,

西出阳关无故人。

我和芬恩极目远望:王维说的不错,关口那边没有一个我们认识的人。

虽然阳关标志着古代中国的最西端,但这并不意味着中国人不想继续拓展领土。往西四百公里,中国人在人们谈之色变的罗布泊荒原的腹地设立了楼兰重镇。高僧法显和玄奘都曾穿越罗布泊,而马可·波罗也考察过此地,但是三人都认为这片地方诡异神秘。马可·波罗写道"游人须结队成行以互相保护"。因这里地貌瞬息万变,故游人在晚上睡觉前必须插个牌子,指示好要去的方向,以免醒来后走错方向。

尽管罗布泊吞噬了无数企图穿越它的行人,瑞典探险家斯文·赫定却在此获得重大发现。1901年,赫定沿塔里木河考察,一路追踪到塔里木河注入罗布淖尔大盐湖的地方。这时,他被脚下楼兰古城的废墟绊倒了。经过对遗址的研究,赫定拼出了一幅两千年前楼兰古城迷人的生活画卷。

罗布泊还是个神秘之地。因为一些特殊原因,对于我们这些老外来说,这里是禁地。但我们确实考虑过到玉门关一游。虽然玉门关被称为"美玉输入内陆的渠道",但它也可以称为"丝门关",

因为这里也是丝绸输出中国、运往世界各地的必经之地，同时它也是丝绸制作的秘密传出中国的关口。

古代于阗人开采出中国人喜爱的美玉，而他们对精美的丝绸同样情有独钟。然而随着时间的流逝，于阗出产的玉石日渐减少，于阗国王担心玉石很快便不足以维持他们购买丝绸。

于是，于阗国王最后想出来一个办法。他向一位和亲的汉朝公主求助，派人秘密捎去口信，请她把蚕卵和桑树种子带回她的第二故乡。过关时，卫兵不仅检查了公主的行李及其衣物，甚至连她所有仆从们的衣物也统统检查了一番，但是一无所获，便放公主出关。公主到达于阗后，于阗国王问她是否依其所托带回了蚕卵和桑种，公主点头示意。于阗国王很惊讶，问她是如何瞒过卫兵出关的。"很简单。"公主边说边解开了发辫。造丝的秘密就这样输出中国、传到世界各地。

尽管通过玉门关的道路是运输玉石和丝绸的要道，但这段路却是丝绸之路上最为艰险的一段，大部分旅行者都刻意避开这条道。即使在今天，这条道也经常消失在罗布泊不断变化移动的流沙下面，而且也不对外国人开放。大部分旅行者选择走北路，从敦煌穿过莫贺延碛①，到达绿洲哈密。

中国高僧玄奘西行求法也是取道北路。但他并未等待与商队同

---

① 莫贺延碛即位于今天哈密与安西之间著名的哈顺戈壁。唐时此处以西皆称"域西"，也就是我们今天常说的西域的起点。据《大慈恩寺三藏法师传》记载，此地"长八百里，古曰沙河，上无飞鸟，下无走兽，复无水草，顾影唯一"，自然环境极其恶劣。——译者注

罗布泊

行，而是只带一名向导和一匹马便进入了莫贺延碛。可是，对他的生命安全造成威胁的不仅仅是沙漠本身。一天晚上，向导突然手持匕首，悄悄靠近熟睡中的玄奘，企图谋财害命。但是，冥冥之中肯定有佛祖保佑，玄奘突然醒来，坐起身静静地打坐冥思。那向导被玄奘将个人安危置之度外的勇气所打动，双膝跪倒，请求法师宽恕。他还劝说玄奘前方没有水源，不如动身回返。但是法师不为所动，他送给向导一些银两及足以维持其返回敦煌的食物与水，自己继续只身前行。

玄奘很快便遇到断水危机，整整五天滴水未沾。他口渴难耐，意识恍惚。就在这时，他忠实的坐骑把他引到了一泓清水旁。玄奘大喜，最终他和马平安抵达绿洲哈密。哈密便是我们的下一站目的地，但我们是乘火车前往。

第十章

哈密：甜瓜特别香

回到敦煌，我们又在飞天宾馆住了一晚，第二天一早便穿过马路乘坐长途汽车去柳园火车站。丝路上的城市的规模之大总是令我们吃惊不已。汽车行驶了半个多小时才走出敦煌的田野和牧场。然后，我们便再次进入荒漠——这里到处是起伏的黑色丘陵和长满灌木的平地。出乎意料的是，虽然这里地处干旱的荒漠，此时却下起了小雨，气温开始下降。三个小时后，当我们到达柳园时，已经快冻僵了，这可是 9 月初啊。

我们之所以乘汽车去柳园，是因为柳园位于兰州至乌鲁木齐的铁路线上。这里每天有四五趟列车经过，我们设法挤上了一趟快车。列车已经没座了，但软卧车厢里还有铺位，于是我俩就奢侈了一次。几分钟后，列车员过来检验身份证件。她是东北哈尔滨人，已经在兰州到乌鲁木齐的列车上工作了好几年。她说，火车从兰州到乌鲁木齐要走两天两夜，中间有九个小时的待返时间，然后再开两天两夜回到兰州。每往返一次，她就可以休假七天，然后再轮班。她还说自己在铁路系统工作了二十多年，每月工资二百元人民币，即四十美元。搁在二十年前，这个数目相当可观，但如今这只是近于贫困线的工资。我俩买两张卧铺票就花了二百元人民币。

经过河西走廊，一路上游览了汉代重镇武威、张掖、酒泉和敦煌后，我们终于告别甘肃省，进入新疆。第二天上午，我们和列车员挥手作别，火车渐行渐远，把我们留在了哈密火车站的站台上。我们穿过几条马路，入住哈密宾馆。

古时候，汉人把新疆称作"西域"，但它终究是中国的西部。这是一片神秘之地，这片土地上的人们来去随风。汉人在两千多年前首次注意到这些人时，那时维吾尔族人居住在贝加尔湖一带。汉人把他们称为"丁零人"。当时，丁零族在蒙古北边的贝加尔湖沿岸牧羊。在随后的几个世纪中，丁零族被迫迁移，先是为了躲避匈奴，后来是为了逃避突厥人。在不断迁徙的几百年中，丁零族与其他部落结成联盟，以免遭被吞并或被歼灭的命运。在突厥语中，"联盟"这个词的发音就是"维吾尔"，今天的维吾尔族就是那些结盟部落的后裔。

8世纪时，维吾尔族人在中亚的舞台上上演了百年辉煌，汉人也不再称他们为丁零人。在一系列闪电战中，维吾尔族一举把突厥人从中国北部边境彻底扫除。若非维吾尔族协助平息叛乱，唐朝可能亡于8世纪，而不是10世纪。

但是维吾尔族的势力并未持久。到10世纪时，他们在中亚的舞台上便被其他的游牧民族所取代，其中就包括蒙古人。但是，维吾尔族人之所以免于被扫入历史的垃圾箱，是因为他们在民族的最辉煌时期改变了游牧方式，迁居城市。同时，他们还改变了宗教信仰。

在其辉煌时期，维吾尔族人控制了中亚大部分地区，他们留长发，朝拜的是太阳神，而非麦加。

有这样一个传说：8世纪的某一天，维吾尔可汗带军队在唐朝都城附近小打小闹地掠夺财物时，遇见一队从波斯来的古索格代亚纳人（居住在索格代亚纳的伊朗人）。可汗被他们的精神力量所打动，一回到首都，就下令子民全部改信索格代亚纳人所信奉的宗教——摩尼教[①]。索格代亚纳人是3世纪先知摩尼的忠实信徒，都是摩尼教徒。

摩尼教导人们，万物皆光明与黑暗的结合体，成神之道在于摆脱黑暗的物欲本性，追求精神之光明。人需要一生清净方能走向光明。想要在死后达到与光明之神共存的修行者必须戒酒肉，包括啤酒，而且戒淫欲；而意志薄弱之人需行善。

因此，维吾尔族成为中亚地区唯一信奉摩尼教的民族。但是他们信奉摩尼教也并未持续多久。在不同的可汗掌权时期，他们游戏在不同的宗教之间，其中包括基督教。显然，维吾尔族人在挑挑拣拣。但是两百年后，当伊斯兰教从丝绸之路传入中亚后，他们终于下定了决心，不再左右摇摆。而今天，很难找到一个不是穆斯林的维吾尔族人。这种信仰转变的原因在于，当其他游牧民族把维吾尔族赶出蒙古草原时，只有那些放弃了游牧生活方式、定居在丝绸之路沿线城镇中的维吾尔族人才得以留下来。14世纪，帖木儿来到维吾尔族人居住的地方，让他们在伊斯兰教和死亡之间进行选择。结果可想而知。即使在帖木儿大军离开后，他们也拿定主意，喜欢上

[①] 摩尼教在中国俗称"明教"。——编者注

哈密街景

了这个新的信仰。于是，我们来到了哈密，来到了我们造访的第一个维吾尔族居住的城市。

我们在宾馆门口从一位和蔼的女士那里租了一辆自行车。向她问过路后，我们穿过旧城区蹬车向南而去。没骑多远，大约一公里后，路边出现了一座陵墓。我们停下来，放好自行车，沿着一条石阶路走到位于小山顶上的陵墓旁边。

这座陵墓的主人是7世纪上半叶穆罕默德去世后不久来中国的三大穆斯林传教士之一——盖斯。三个人中，其中一个传教士走水路来到中国，死在广州；另外两个走陆路，死在丝绸之路上。盖斯死在星星峡，向东距哈密一天的行程。1945年，他的遗骨迁到哈密，当地穆斯林为他修建了陵墓，土坯垒的墙，墓顶镶着绿瓦，四周芳草萋萋，显然来访的人并不多。

我们骑上自行车，又蹬了一公里，来到另一个墓地群——这个是有围墙和大门的。这里是这一地区最神圣的地方，也是穆斯林在重大节日举行庆祝活动的地方。届时会有上万名信徒赶来参加活动，其中的五千多人要设法挤进墓地群中的清真寺。这里很久以来就是个神圣之地。四周的田野长满了胡杨，遍布着千万座坟墓，其中最重要的墓要数位于清真寺外面的那两座。一座由整块巨石建成，墓顶的瓦片大多掉光了；另一座为新建的土木结构。两座墓的主人都是1700年至1930年间统治哈密地区的回王。

从回王墓返回的路上，我们经过古城区。坑坑洼洼的街道两旁都是墙皮剥脱的土坯房。但是，从土坯房敞开的大门外，我们看到当地人穿着我祖父母辈穿的衣服，坐在光影斑驳的葡萄架下喝甜茶。在城市的这一角，显然这样生活的格调与丝绸之路更为相配。但是，古老的生活方式显然也在土崩瓦解。墙上贴满了宣传海报，推广最新的时尚方式和商品。

除了回王陵和维吾尔人生活一瞥，哈密再无可看之物。我俩无聊之极，蹬车去了哈密博物馆。博物馆位于一座毫无特色可言的黄色大楼的二层，没开门，但是坚持就是胜利，我俩设法找到了保管钥匙的管理员。哈密也曾是丝绸之路上最著名的城市之一，如今怎么会沦落到这种凄惨的地步呢？

公元2世纪，大汉王朝的影响首次扩大到中亚地区时，哈密还在它的掌控之外。那时哈密称"伊吾"。在随后的几个朝代，中国对该地区的控制时强时弱。哈密时而处于中国管辖，时而为其他民族所统治。哈密是敦煌和吐鲁番之间最大的绿洲，不仅丝绸之路北线穿过这里通往敦煌和河西走廊，还有另一条支路经哈密向东穿过蒙古直达北京。这是通往华北的捷径。考虑到其重要的战略地位，哈密过去应该是个相当富庶的地方，现如今它竟然沦落到这么凄凉的境地，着实让我们惊讶不已。

第二天上午，我们坐上一辆载满了矿工、开往三道岭的大巴赶往拉南去克古城遗址。

其中的一段公路正在修路，大巴车不时地绕来绕去，行驶了近两个小时才走了五十公里。终于，离三道岭还有一半路程时，我们在一条向南通往五堡乡四堡村的柏油路边下了车。司机开走前提醒我们，开往五堡的早班车早就开过去了，而坐下午那班车就没办法赶上最后一班回哈密的汽车。我们心想：这不算什么问题，中国这

盖斯墓

么大的地方，还搭不上个便车？我们跟司机挥手告别，等待着开往五堡方向的汽车。接下来的两个小时内，为了取暖，我俩扔起了石头。此时，我们身处荒郊野外，上哪里去搭便车开往偏僻的两千年前的哈密古遗址啊！虽然我们现在离哈密只有五十公里远，但我们很可能身处戈壁滩的深处。我俩站在刺骨的寒风中，等待着任何有轮子的东西。但是，经过我们身边去往五堡方向的机动车仅有两辆拖拉机、一辆吉普和一辆摩托车。

两小时后，我俩决定放弃，返回哈密。五分钟后，我们坐在一辆新标致车的后座上。车座和车门上的塑料包装还未拆开，车厢内散发着一股新车的味道。司机是个在三道岭煤矿工作的年轻人。他去过哈密地区的所有地方，为我们讲述了我们无法亲眼一见的拉南去克古城遗址。

他说，遗址就在四堡村外的农田里，几乎无法识别。四堡在维吾尔语中称"Lapchuk"，据当地史学家称，Lapchuk 就是古哈密或伊吾所在地。在过去的一千年间，哈密随着水源的改变不断东移，而且照这个帮我们摆脱困境的年轻人的说法，Lapchuk 不值一看。在回哈密的路上，他建议我们下次再来丝绸之路应该去看巴里坤草原。巴里坤草原在天山的另一边。天山就像座巨型的白色城墙，耸立在巴里坤草原以北三十公里外。可惜，我们已经和晚上的火车有个约会，但是在我们等火车的时候，何不让想象力带我们走访一下巴里坤草原呢？

汉语中"天山"意为"天上的山脉"。天山山脉从哈密向西绵延至乌兹别克斯坦。过去几百年来，天山北部一直是哈萨克族的家园；

穆斯林墓地群

在此之前，它是蒙古人的家园；再往前，依次是维吾尔人、突厥人和匈奴人。我想，如果有人想研究游牧民族在中国的生活经历，巴里坤草原是个再合适不过的地方。

哈密北边每天有一班车穿过天山抵达巴里坤草原。世界其他地方的人把巴里坤草原称为"Barkol"，这是巴里坤草原西部的一个湖泊的名字。根据《后汉书》记载，每当匈奴被赶出河西走廊，他们就会撤退到这里；而一旦重振力量，他们便于此地再次发起进攻。直到2世纪，汉人才把匈奴赶出巴里坤草原，彻底结束了他们的侵袭。大捷之后，汉人把烽火台修到了巴里坤，以防匈奴再次偷袭。中国人有一套传递消息的信号系统（白天放烟，晚间点火），可以使消息在几分钟之内传到千里之外。

"喂喂，敦煌，这里是巴里坤。没有匈奴来犯。不过大伙儿都渴坏了，再来一车啤酒。"这是我想象的用焰火对话的情形。

我俩等火车时储存了一些哈密的特产。对中国人来说，哈密就是甜瓜的代名词。自从哈密回王把哈密瓜进献给中国皇帝以后，哈密瓜就成了中国最有名的瓜。那是三百年前的事，可哈密产瓜已有至少两千年的历史。

大多数人提到哈密瓜时，想到的是淡绿色、香瓜一般大的那种，但实际上哈密瓜有十几个品种。目前最受欢迎的品种是"红心脆""老铁皮""黄炮弹"和"黑眉毛"。我不太清楚哈密瓜为什么这么甜，但肯定和夏日的光照有关。哈密地处盆地，海拔只有七百五十米，夏季气温经常超过40℃。无论何种原因，哈密出产的甜瓜特别香、特别甜。但是哈密瓜上市的季节是7月到9月，现在已经过季了，我和芬恩只能吃到哈密瓜果脯，但蜜饯瓜片居然和鲜果一样香甜。哈密的厨师还开发了好几种以当地著名特产为主的食谱。除了像"天山雪莲"和"红海银波"这样的美食菜品，还有哈密瓜饭、哈密瓜面、哈密瓜馒头，甚至还有哈密瓜馄饨。如此看来，在不久的将来哈密瓜比萨也将问世。

第十一章

吐鲁番：酒与火之歌

开往吐鲁番方向的列车终于在晚上8点进站,把我们从哈密瓜的世界中拯救了出来。我们在火车站买到站票。但是一上车,我们就直奔乘务室。大多数火车的乘务室紧挨着餐车车厢。但这趟列车太长,乘务室跟餐车隔着三节车厢。等我们找到那里,已经有一大群人推推搡搡地挤在一起。我们看到一个空当,便奋力挤了过去,哇!乘务员卖给我们两张软卧。我们一路睡到大河沿镇。在下车时,时间是早上4点半。铁路不通过吐鲁番,而是在其北边六十公里处才有直达乌鲁木齐的火车。旅行者需从大河沿乘汽车去吐鲁番。我们走出火车站,发现站前就停着大巴车。司机正钻在一件羊皮大衣下呼呼大睡,车上的一位乘客告诉我们,汽车6点半才出发。他说得挺对。两小时后,6点半,司机终于动弹了一下,几分钟后我们就出发了。这时仍是夜半时分。在新疆,6点半还没有破晓,差不多等于北京的4点半。但是为了保证步调一致,中国政府规定,所有地区的时间都以北京时间为标准。北京与吐鲁番之间相距两千五百公里,但两地的时间一致。于是在北京人打太极、遛鸟时,我们正在星空下穿过黑黢黢的原野。

我们抵达吐鲁番时,已经过了8点,太阳正冉冉升起。实际上,我们还没真正进入吐鲁番。汽车在吐鲁番几公里外停下,每个人都买上票,然后再继续前进。这本来花不了多长时间,但问题是售票员坚持外国人得付双倍的票钱,车上的其他几个外国人坚决反对。幸亏,我和芬恩有教师证,避免了这场麻烦。然而,我们还得坐在那儿,看着这场持续了一个小时的东西方交战。最终,售票员钞票到手。几分钟后我们到了吐鲁番汽车站。

吐鲁番依旧保持了很多传统的特色。人行道上,几个白胡子老人盘腿坐在祷告垫子上,读着《古兰经》中的段落,等待新来的人在他们乞食的碗中放点零钱,用以维持一天的生活。

马路对面是个大巴扎①,刚刚开市。驴子拉着成车的杏子和葡萄,更多的白胡子老人打开货摊的遮帘,露出各式各样的刀子、茶壶和丝绸披肩。街道两旁是灌溉沟渠,掩映在枣树和葡萄藤的绿荫下。我们终于有了置身于丝绸之路上的感觉。

我和芬恩穿过几个街区,在充分感受了清晨的热闹气氛后便招了辆出租,让司机把我们送到吐鲁番宾馆。吐鲁番只有两个地方允许外国人入住。旅游团和有钱的旅行者住在绿洲酒店,其他人则住在吐鲁番宾馆。我们选择了后者,不过到了宾馆后有点疑虑。宾馆正在翻修,上厕所须离开我们住的楼,穿过庭院,转入一条小巷,还须记住哪一扇幽暗的门后是一排蹲坑。

但是工作人员都很友好,回头想想住宿的那几天,我们确信自

---

① "巴扎"系维吾尔语,意为集市、农贸市场。——编者注

绿荫下的吐鲁番街道

己做出了正确的选择。吐鲁番宾馆对面有一家约翰咖啡馆。那天早上，我们小睡片刻后便去酒吧难得地享受了一番：一杯咖啡，一个煎蛋。咖啡不是最好的，煎蛋也不是最好的，但这一切并不重要，重要的是丝绸之路上的感受。

我们一直在期待这一天，期待这种特别的感受。我们在敦煌的飞天宾馆就从其他游人那里听说了约翰咖啡馆。那么，约翰是谁？约翰是一位汉族青年，住在中国西部边疆城市——喀什。丝绸之路上的居民有着良好的经商头脑，约翰就是个典型的例子。他显然发现，迎合我们这些外国人的口味是一桩划得来的买卖。

几年前，约翰从亲戚朋友那里借钱，在喀什的海员大酒店的庭院里开了第一家咖啡馆。我们到访的前一年，他已在吐鲁番开了第二家咖啡馆，他计划稍后在敦煌开第三家。他的目标是让自己开办的绿洲（咖啡馆）贯穿丝绸之路。他选对了地点。敦煌、吐鲁番和喀什是丝绸之路中最值得游人参观的三个地方，他的咖啡馆正在吸引越来越多的外国人。

除了咖啡和煎蛋，咖啡馆还提供西方人最喜欢的几道菜，比如炸薯片，以及几道基本的中国菜。这里的菜单上还包括苹果派和巧克力慕斯。但这并不是外国人蜂拥而至的原因。他的咖啡馆开在露天的葡萄架下，这才是外国人所追求的氛围。可惜的是，在丝绸之路上这种氛围却难得一见。

吐鲁番怡人的气氛并不仅限于约翰咖啡馆。土坯仍旧是首选的建筑材料，这是个值得漫步一游的小城。早餐后，我们信步闲逛，虽然走的路比散步要长一点，但仍是一种散步。从约翰咖啡馆出来，我们沿着一条土巷穿过老城区，经过了几百户典型的维吾尔住宅：土坯院墙，庭院掩映在葡萄架下。白天，大门通常是打开的，有一家人邀请我们进去喝了一杯茶——维吾尔风格的甜茶，加了冰糖、干果和坚果。这一家人非常热情，非要留我们吃午饭，但我们说还要去看几个地方。我们要去看一座尖塔——额敏塔，因此我们的漫步也到此结束。额敏塔不仅是吐鲁番最著名的景点，也是丝绸之路上中国境内最美的建筑。

尖塔这个词来源于阿拉伯语"manarah"，意思是"灯塔"，伊斯兰教的尖塔形似灯塔。但是尖塔的作用不是警示，而是召唤。靠近塔顶有个阳台，负责报告祷告时刻的人在此召唤信徒前来祈祷。尖塔是清真寺的必要组成部分，而清真寺又是穆斯林社区的必要组成部分。

我们以前也见过类似的尖塔，但无一能比得上额敏塔。它是我们在新疆见过的最美观别致的伊斯兰建筑。此塔于1777年由当地郡王额敏和卓所建，并因此而得名。设计者是一位当地建筑学家，在去麦加朝圣的旅途中，他曾在阿富汗见过类似的建筑。与方座、多层的佛塔不同，额敏塔为圆座，自下而上渐细，呈锥形；表面用土坯砖砌出十几种不同的图案。可是，我们很想知道，为何它绝世而立？

管理员告诉我们，尖塔是一座纪念碑，代表着维吾尔族对清政府与北方游牧民族作战的大力支持。用现在的话来说，这座尖塔标志着几百年来汉族和维吾尔族的深厚友谊，这也是它屹立不倒的原因。

额敏塔

尖塔由晒干的土坯砖建造，耗费了七千两白银。显然，额敏和卓的友谊大大得到了补偿。它好像一枚直插云霄的导弹，圆形基座的直径达十米，圆锥形的塔身高达三十七米，顶部有一组窗子，宣礼员在此召唤信徒祷告。不过如今只在星期五和圣日召唤信徒前来祷告，其余的时间，尖塔和相邻的清真寺对我们这样的游客开放，但是通往塔顶的楼梯口却被牢牢锁住。

　　参观了尖塔和清真寺后，我们品尝了入口处的葡萄架上垂下来的葡萄，并从商贩那里买了一些葡萄干。然后，我们原路返回吐鲁番宾馆。在约翰咖啡馆，我们早早地吃过午饭，然后享受了一个难得的长长的午觉，作为清晨小憩的补充。之后，约翰咖啡馆再次提供了完美的晚餐环境。天色将暗时，我们品着饭后甜点——巧克力慕斯，喝了几杯尊尼获加①，以此来洗去早先行走的一路风尘以及巧克力慕斯的甜腻。我们终于过上了想象中的丝绸之路上的生活。

　　第二天上午，我们决定再来一次野外探险。在宾馆外边，好几辆私人面包车等着载客去景点游览。五个人包一整天的价格是一百五十元人民币，还不到三十美元。我们找到一辆已经有三位乘客的面包车，占了最后两个位子。这么划算的交易，我们可不想错过。

　　游览从吐鲁番东部的景点开始，坐在司机身边的导游说，趁早晨空气凉爽，太阳不毒的时候游览东部最好。第一个景点是本地区最著名的一个旅游胜地——火焰山。赤红色的山坡从城北开始，向东绵延一百公里，一直到哈密。放眼望去，独木不见，寸草不生。夏

---

① 尊尼获加，即 Johnny Walker，一种苏格兰威士忌品牌，俗译"约翰走路"。——译者注

火焰山

季的白天，山体表面温度超过80℃，足以烤熟一只鸡蛋，甚至一个和尚。提到和尚，不得不再说一个关于玄奘法师西去印度经过火焰山的故事。

返回唐朝后，玄奘曾写了一本书，记录自己一路上的所见所闻。九百年后，吴承恩根据玄奘的记述演绎出了一部中国最深入人心的神话小说《西游记》。书中随行玄奘取经的还有四个徒弟，其中最突出的一个就是猴王孙悟空。

根据这部玄奘西游记，师徒一行来到丝绸之路这一带时，被一眼望不到边的火焰山阻挡住了去路。怎么办？玄奘向观音菩萨祷告，而猴王自有他的主意。他飞去借铁扇公主的宝扇。但铁扇公主不是很愿意帮忙，两个人便开始斗智斗法，孙悟空差一点儿就输了。但最终他带回宝扇，扑灭了火焰，师徒四人继续上路。

我们就轻松多了。从吐鲁番向东行驶四十多公里后，我们转弯沿一条柏油路穿过了火焰山。风雨剥蚀的地貌及其荒芜悲凉构成了火焰山神奇壮观的景象。我们驶进一个峡谷，见一条清澈的小河蜿蜒流淌，这更增添了眼前所看到的这一切的不真实感。河水来自北方五十公里外的天山，不知道它是如何流到这里，居然没有被蒸发或消失在沙漠中？

我们沿着长满青草的河岸又行进了十公里，突然，路边凭空冒出来一个景点。这是一组描绘玄奘、悟空和其他几人通过火焰山情景的泥塑。和其他路边景点一样，这组雕塑也没有什么艺术价值，只是新奇好玩而已。

其实，雕塑也不是凭空出现，从这里再往前行一公里后，就到了路的尽头。这个地方的名字，一百年前不惧危险经过丝绸之路的外国鬼子，没有哪个不挂在嘴边。它就是柏孜克里克千佛洞。关于它的故事可不少。

"柏孜克里克"在维吾尔语中的意思就是我们所说的"艺术馆"。实际上，它是一个佛教艺术宝库。在1905年以前，它一直被人们所遗忘。使它的宝藏重见天日的是德国考古学家冯·勒柯克。他第一次找到这里时，对自己所见到的东西并未特别在意。很多洞窟被当地牧人用来遮风避雨，因此大多数精美的壁画因烟熏火燎而受损，无法修复。但是勒柯克到处刺探，在这群洞窟的最北端获得了重大发现。峡谷尽头的这些洞窟被不断从山上滑落的沙子所掩埋。勒柯克选择其中一个洞口，开始清除沙子。沙子挖走后，他发现了几十幅保存完好的、与实物一般大小的壁画。这些壁画色彩鲜艳，栩栩如生。画中除了常见的佛教人物，还有印度以及波斯王子，甚至还有一个红发蓝眼的洋鬼子。

勒柯克决定把这些壁画带走。他的做法如下：首先，他用一张由毛毡包边的木板盖住壁画，然后用一把锋利的刀子沿着木板切割，直到穿透一层层的黏土、驼粪、干草和灰泥组成的画基；接着，他用一把特制的锯子使壁画最里边的一层与墙体分离；最后，他把支撑壁画的木板慢慢放平，使之与地面平行，再把原属于洞窟墙壁的壁画包装好，送回柏林。他搜集了丝绸之路上被掠夺的宝藏中最精美的一批珍品。可惜，这些收藏在"二战"中被盟军的炮火毁坏，残存的一部分现在收藏在柏林的印度艺术博物馆中。

洞窟中保存下来的壁画就更少了。勒柯克"工作"过的整个北部洞窟部分现在禁止入内。只有南半部分仅余的少量壁画提示着这里曾经的辉煌。当我们沿着长长的阶梯走进遗址所在的峡谷时，我不禁回想起冯·勒柯克对此番经历的记叙，尤其是在一个月夜，"万籁俱寂，突然传来可怖的嚎叫，似有千百鬼怪出动"。勒柯克和他的助手从床上一跃而起，抓起步枪，跑出门外，惊恐地发现整个马蹄形的山谷中，群狼对月长啸。他手下的人一再向他保证狼群不会伤人，但他还是开了枪。他还在日记中记录他此前遇见过一位十二岁的可爱女孩被迫跟一个六十岁的老头订了婚。随着婚礼的临近，她逃走了，打算穿过沙漠去往另一个绿洲。途中，她在一个泉边歇脚，睡着了，被狼群发现。等她父母找到她时，只看见血迹斑斑的衣服碎片和一双靴子。

很不幸，洋鬼子艺术收藏家的掠夺使得柏孜克里克洞窟文物残存不多，现在只留下这个古老遗址本身这一神奇壮观景象。洞窟凿刻在砂石岩峡谷的西墙上，峡谷入口处只有一小块地方勉强能让维吾尔族牧人容身。北面旷野之外，远远耸立着白雪皑皑的天山山峰，那是流经这片恐怖地带的河水的发源地。河水从此流过并非大自然的巧合；一千五百年前的僧人们开凿了这片洞窟，使之成为艺术宝藏也并非偶然。发源于远处天山的河水经地下运河被引到这里，穿过峡谷，流入南面的沙漠。当地居民不辞辛劳这样做的原因是，一千五百年前的沙漠中并非只有沙漠。峡谷与沙漠交界处向南几公里外，就是高昌故城，它是开凿山洞的僧人们的家乡。

看完了残存的洞窟艺术，我们沿着河流驶出峡谷，进入沙漠，去往故城遗址，其所辖区域曾经东西长达五百公里。高昌是公元前1

柏孜克里克千佛洞附近风光

世纪大汉王朝为了抵御匈奴以此来夺取对丝绸之路远端的控制而建立的一个边塞小镇。此地距离长安太远，没有中国人能在此久待。几个世纪中，高昌逐渐成为一个独立王国的都城，历任统治者既有中国血统，也有中亚血统。和东南边的哈密及敦煌一样，高昌位于丝绸之路要道的交汇处：一条道从帕米尔高原穿过，经喀什通往西南，另一条穿越俄罗斯西伯利亚大草原通往西北。高昌因贸易而致富，且常常与中国有利益冲突。

有一次，高昌的独立政策惹怒了中国皇帝，便派遣大军前来攻打高昌城。高昌王见中国大军兵临城下，心脏病发作，惊恐而死。讽刺的是，就是这个高昌王在玄奘西去印度的路上曾对他热情招待。玄奘早就名声远扬，高昌王听过玄奘讲法，他不想让这么一位杰出的高僧离开本城。7世纪玄奘来到此地时正值其最繁盛的时期。但是，玄奘不打算半途而废，他婉拒了高昌王的美意。但高昌王同样意志坚定，当玄奘绝食时，他仍然心平气和，礼遇有加。

我们走进高昌故城的城门，去看玄奘待过的地方。高昌遗址与敦煌佛教艺术齐名，都是整个丝绸之路旅行中最精华的部分。没有哪一处遗址可如此近距离地体验，规模如此之宏大，给人印象如此之深。这座一千多年前建立、13世纪毁于蒙古人之手的丝绸之路城市，其外观及布局让20世纪的游客如此深有感触，其他任何地方无可比肩。

1905年冯·勒柯克在此挖掘时，发现了一个有一百多位僧人遗体的地宫。这些僧人都是死于蒙古征服者的残暴之手。但是，勒柯克发现的不止这些佛教艺术和僧人遗体，他还发掘出了一座内有拜占

高昌故城遗址

庭风格壁画的基督教堂。而在一座摩尼教堂内，他发现了一幅与真人一般大小的摩尼教派创始人——摩尼的肖像画。与此同时，他还发现了摩尼手稿，并首次向世界披露了这个独特的、已经消失的教派的历史及其教义。

高昌是个国际化都市，有关巴格达和罗马的最新消息以及来自长安宫廷的最新传言在这里互相交换。穿行在故城遗址中真是一次令人难忘的经历。遗址位于古城墙内，方圆五公里多。由于面积太大，许多游客选择坐驴车观光。多亏有这些车辙，我们很容易找到了各个景点，不过这一堆废墟看起来与下一堆废墟并没多大区别。

但有一处遗迹截然不同，那就是位于古城西南角的一座佛殿。大殿保存完好。内部有一个巨大的中心柱，信徒通常绕着这个柱子转圈诵经。在佛教发展初期，佛塔是唯一的建筑形式，即在佛祖及其显赫弟子的舍利上面建起土冢，后期改为砖塔。朝拜者通常围着佛塔绕圈，来祭拜这些舍利，因此又增加了砖砌的走道和屋顶，这样朝拜者便可风雨无阻地来此祭拜。后来，佛塔本身演化成一根巨大的中心柱，基座的佛龛里供奉着佛祖的雕像。最终，佛教传入中国后不久，柱子被祭坛所取代，上面供奉着越建越大的佛像。同时，走道几乎完全取消。敦煌洞窟里面的佛殿就暗示了这种演变过程，但是在高昌，中心柱和走道的作用要明显得多。我和芬恩在故城西南角的佛殿中绕着柱子走时，不禁感觉我们是在沿着玄奘的足迹行走。

大约过了一个多小时，我们对遗址失去了兴趣。沙子太深，走起来很费劲。终于，导游把我们唤回面包车上，该往前走了。但没

高昌故城之残垣断壁

过几分钟，面包车又停了下来。这里没有遗址，只有坟墓，阿斯塔那古墓群。"阿斯塔那"在维吾尔语中的意思是"首都"，这些坟墓里埋葬的都是5世纪到10世纪期间高昌都城中的精英人物。古墓群所在的位置一带相当于中国的"死亡之谷"或"死亡之海"。这里降雨稀少，只比月球上多一点。极度干旱的气候条件有助于埋葬的尸体保存完好，甚至有些尸体在被发现时，其瞳孔还依稀可见。考古学家不仅发现了尸体，还发现了各种各样的文物——衣服及做好的食物（包括饺子和面饼）。这为我们了解一千五百年前丝绸之路沿线居民的物质生活状况提供了相当详细、完整的记录。

这里共发掘出五百多座古墓，其中有三座对公众开放。当然，地面上没有什么可看的。我们必须沿着窄窄的阶梯走到约六米深的地下，四处漆黑一片。管理员似乎没兴趣开灯，除非来了旅游团，而且是聪明一点、能付出一笔可观小费的旅游团。这里毕竟是丝绸之路。在三号墓的入口上方，一块牌子记录着当地一家旅游公司慷慨捐赠了五千元人民币，大约有一千美元，这或许能保证这家公司终生免费使用照明设备。幸好，我们和芬恩没忘带手电筒。

墓中出土的大多数文物都被运到了位于乌鲁木齐的省博物馆，这里只剩下几具保存完好的尸体和几幅壁画。其中一幅壁画尤其值得一提。画中一男一女，分别用一只手臂搂住对方，另一只手中各自拿着指南针和木匠用的直角尺。他们的下半身也互相缠绕在一起，不过不是人形，而是两条蛇身——或者是龙身。自然，这幅画背后也有个故事。

很久很久以前，混沌初开，分裂为阴和阳，阴阳再分，不久就出现了第一个生灵。他的名字叫盘古。盘古竟然是世界上第一个工作狂。他一踏出宇宙的子宫，便捡起一把锤头和一把凿子，挥舞了一万八千年，开天辟地，创造出了我们所居住的世界。然后，他便倒地而死。

但是盘古死前生出了一对双胞胎，半人半龙。他给男孩取名伏羲，给女孩取名女娲；尽管他们是兄妹，却结为夫妻，生育了龙的民族，我们称之为"中国人"。这就是他们俩的画像为何有时出现在中国人墓葬的墙壁上，甚至远到丝绸之路。

看过了该看的，我们回到地面，赶回吐鲁番。在约翰咖啡馆吃过午餐后，一日游继续。这一次，我们往城西行驶三十公里去看另一个遗址——交河故城。我们到那里的时候，每天降临吐鲁番的下午风刚刚刮起。

"交河"意即"河流相交之地"。但是这里只有一条河，那就是牙尔乃孜河。牙尔乃孜河在遗址北边分流，两公里后，它的两条支流在遗址下方交汇。遗址位于一个树叶形的风蚀黄土岗的顶部，黄土岗的两边是高约三十米的峭壁，一般人要想登上顶部只能走一条从河流交汇处起始的陡峭的小路。我和芬恩出发后不久就不得不停下来，拿一条大手帕蒙在脸上，以免黄土岗上扑面而来的飞旋呼啸的沙土被我们吸入口中。

因其天然御敌及接近水源的地形，黄土岗为吐鲁番地区的早期居民提供了绝佳的庇护地。两千年前当汉人初来此地时，交河已经是一个小王国的都城，其财富可敌高昌，而交河也因处于高昌的阴影下而历经兴衰。和高昌一样，交河也于13世纪被蒙古摧毁，从此

交河故城遗址

这里便只有漫天呼啸的狂风。

由于地理位置受限,交河未能像高昌一样发展壮大,人口从未超过五六千,只有高昌的十分之一左右,但它却是丝绸之路上那一地区最繁荣的城市之一,其遗址保存程度也好于它的东部邻居——高昌故城。

沿着小路登上顶部后,我们穿过以前的城门,顶着风沙走上了大道。古时候,这条大道曾是城市的主要交易市场,道路两边布满商铺和货摊。大道宽十米,长三百五十米,一直延伸到市中心。道路的终点并非官府所在地,而是城市中最大的佛寺。

我们在遗址中漫步时,惊讶于遍布各处的庙宇和佛塔。交河城只有一千七百米长,不到三百米宽,但我们数了数,共有六七座庙,而佛塔的数量则是其两倍之多。显然,到了后期,交河的主要功能应该是宗教避难所。地面上仍散落着唐朝时期修建的庙宇瓦片,它们成为丝绸之路上最古老而又最廉价的纪念品。

参观完风沙肆虐的交河遗址,我们问面包车司机是否还有时间带我们去沙丘中进行治疗。对,就是去沙疗。一路跋涉下来,我们浑身好几个地方酸痛不已,急需得到中国唯一的一家沙漠疗养院的关注。夏季,当中国其他人都在找地方避暑时,吐鲁番滚烫的沙子却吸引了一些人前来接受独特的热疗。古时候,吐鲁番被称为"火洲",这个名字跟城市非常贴切。吐鲁番位于亚洲最低的盆地中,只比地狱高那么一点儿。每年夏天,位于城市西北部十六公里外的沙丘中的吐鲁番沙疗所便对外开放。在那里,患风湿病或其他疾病的人们花少量的钱就可以经过检查并诊断病情后,将身体埋在沙中炙

交河故城之残垣断壁

烤。然而，吐鲁番的沙疗对风湿病的治愈率高达百分之九十。这并非完全是炎热带来的效果，而是沙丘中的灰色沙粒富含有助于打通人体经络的磁矿。

在沙疗的整个过程中，你被裹得严严实实，待在彩色帐篷中或沙滩太阳伞下面，避免阳光暴晒。所以，你完全不用担心患上皮肤癌。我们看了一些有关沙疗的照片。这个过程看起来像是一场糟糕的冲浪运动比赛，而你就像是在等待永远都不会打上岸来的海浪。当然，那浪头更不会打向我们了。司机说，沙疗所只在6月中旬到8月初这段时间开放，而我们到时已经是9月中旬了——又是一个丝绸之路上错失良机的伤心故事。

如果你来吐鲁番寻求热疗时机不对，还可以有另一个选择，去艾丁湖，从吐鲁番往南四十公里便到。

艾丁湖位于吐鲁番盆地的中央，湖面海拔低于海平面一百五十多米，是全世界大陆上的第二洼地，仅次于以色列的死海。艾丁湖其实算不上是个湖——虽然依靠从牙尔乃孜河流入的河水，有时它的面积可达一百五十平方公里。一百万年以前，艾丁湖是地球上最大的淡水湖之一，要比现在大一千倍。后来印度板块向北漂移，撞上亚洲板块，挤压形成了青藏高原，这不仅封死了艾丁湖的入海口，还中断了由印度洋季风带来中亚的潮湿气流。从那以后，由于湖水不断被蒸发，矿物盐含量随之持续增高，艾丁湖越来越小。冬季，艾丁湖结冰时，工人们拥上湖面，凿取冰块。然后，他们把冰块运往附近的工厂，提炼芒硝，将其用于生产清洁剂和药品。除了苍蝇之外，工人们是湖上唯一的生命迹象。据说艾丁湖景色异常美丽，维吾尔族人把它称为"月光湖"。

不管怎样，司机说今天我们没时间游览艾丁湖，除非明天再安排一次游览。但我们明天已经计划好出发去乌鲁木齐了。于是，我们只能掉头返回吐鲁番。半路上，我们又一次停下来。夏季的吐鲁番是地球上最热的地方之一，而一年三百五十六天当中，它都是中国最热的地方。一般情况下，这里一年中有四十多天气温超过40℃。在这样一个地方，显然水是生存的关键。但是水又是从哪里来的呢？水发源于远处的天山，经地下流入此地，但是水并非以井水或河水的方式出现。它来自一个地下运河系统，从天山一路挖到此地，每隔十米或二十米就有一个出口。这就是三千年前由波斯人发明并命名的"坎儿井"。此技术无疑是由波斯商人沿丝绸之路向东传番开来的。

吐鲁番地区的地下运河已经存在了两千多年，到20世纪末，令吐鲁番引以为豪的坎儿井已长达五千公里。下车后，我们沿一段阶梯向下走，去参观一条坎儿井。这真是一项了不起的工程。夏季的地表温度可能达到80℃，足以煎熟鸡蛋，而在地面几步之下，村妇正从火洲潺潺的溪流中汲水，且坎儿井周围空气凉爽。我们在此徘徊良久，直到导游催促一日游该结束了。

除了被称为中国最热的地方，吐鲁番还是中国最"潮湿"[①]的地方之一。这里所谓的湿润并非指降雨多，而是指葡萄酒多。善良的吐鲁番人民从波斯人那里获得了种植葡萄和酿造葡萄酒的知识，并早在7世纪就把葡萄酒作为贡品传播到中原。

[①] "wet"这个词在英语中既有潮湿的意思，还有"饮酒、允许制售酒精"的意思。——译者注

每年秋天,他们把最甜的葡萄用取自天山之上的积雪冰镇着装在镀铅的箱子里运到两千五百公里之外的历代都城。当葡萄运到目的地时,它们仍和刚采摘下来时一样新鲜,皇帝和大臣们欣然笑纳。但是,葡萄酒受到的礼遇更隆重。它被视为稀有之物,皇帝只把它赐给宠臣。唐代诗人李白便有幸成为其中之一,他被中国人誉为酒仙。

在一次皇家宴会上,刚刚从吐鲁番进贡来的、盛在双耳细颈罐中的美酒使得李白灵感大发,写下了《对酒》这首不朽的诗篇。

对 酒

葡萄酒,金叵箩,吴姬十五细马驮。
青黛画眉红锦靴,道字不正娇唱歌。
玳瑁筵中怀里醉,芙蓉帐里奈君何!

一日游到此结束,我们返回了宾馆。在这个沙漠明珠般的绿洲里,只要有时间游览的地方,我们都一一看过了:古代遗址、被洗劫的洞窟、世界洼地、尖塔以及地下运河。除此之外,我们还欣赏到一件趣事,它就在我们入住的吐鲁番宾馆的窗外。宾馆中央庭院的葡萄架下,每晚都举办维吾尔族歌舞表演。游客可以付钱坐在椅子上观看,或免费站在葡萄架外观赏。而我和芬恩,只需打开窗户即可。

聆听着悦耳的音乐,我们不禁想到了丝绸之路的另一条支线(南线)。我们本可以轻松地待在伊朗的。但是,音乐居然能和更实在的商品一样在丝绸之路上流通，真令人感叹不已。谈到中国音乐，不可能不提及中国人称之为"西域"的那个地方的民族音乐。

中国人发明了琴，但是其他乐器大部分是从中东传入的，包括中国古典乐器，如扬琴、二胡及琵琶。许多富有特色的音乐风格也经过丝绸之路传入中国。甚至两千多年来一直用于祭奠孔子诞辰的乐舞都可以追溯到大夏国，也就是双峰驼的故乡。于是，我们听着李白当年在长安听过的同样的音乐，喝着他作为朝廷宠臣饮过的同样的葡萄酒，结束了吐鲁番之行。看看手中拿着的第二天一早去乌鲁木齐的汽车票，我们意识到"是时候关上窗户了，下一个绿洲正在等待着我们"。

第十二章

乌鲁木齐：睡在天山上

我们买到的由吐鲁番开往乌鲁木齐的车票，按计划应该8点30分出发。然而，吐鲁番的汽车运行图，与其说是时刻表，不如说是一张心愿单。我们的车在停车场里停着不动，比原计划晚出发一个多小时。不过，至少我们还有座位。整辆车被塞得满满当当的。吐鲁番是新疆最具"维吾尔"特色的城市之一，车上坐满了头戴白帽、蓄着白胡子的维吾尔族老汉和围着绿围巾、穿着褐色袜子的维吾尔族妇女，他们似乎把一辈子积攒的财物都带上了车。花了很长很长时间总算把所有人和所有的东西都塞进车里。

　　最终，我们的司机把车开出了车站，和他同时上车的还有另两位要返回乌鲁木齐的司机。我们终于把吐鲁番抛在了身后。在戈壁滩上行驶了一个半小时，然后车子就进入了天山南部支脉中的一道峡谷。峡谷中的道路相当危险，随处可见那种死里逃生以及险些迎面相撞的场景。这三位司机全是汉人，他们为了逞能，轮番表演电影《虎胆龙威》中的飞车特技。车上其他乘客开始担心，大声向司机们叫嚷着，让他们不要拿大家的生命冒险。可是，他们的叫嚷声并没奏效。就这样，在经历了一个小时与死神擦肩而过的危险旅程后，我们终于驶出了峡谷，停下来用午餐。由于对司机的愚蠢行为十分恼火，车上的维吾尔族乘客拒绝下车。趁他们火冒三丈的时候，我和芬恩下车来到路边，从这里放眼向北瞭望，草原远处天山山脉的主峰清晰可见。面对如此美景，我们情不自禁地拍了几张照片。

正在这时，一辆路虎在路对面停了下来。三位外国人从车里出来，开始顺着岩壁向上攀爬。我们走过去，互相做了自我介绍。原来他们是来自美国的地质学家，此行的目的是对亚洲以及该地区的冰河范围和年代进行研究。更出乎意料的是，其中的一位竟然和芬恩的一个朋友是同一间办公室的同事，而芬恩的那位朋友曾经写过一部小说，小说的内容竟然是关于"有人为了听听汽车坠毁的声音而驾车坠崖"。我和芬恩都在嘀咕，这是不是预示着什么。如果真的预示着什么的话，我们绝对不应该再回到我们那辆车上去了。

但是我们还是回到了车上。我们可不想再等下一趟客车，如果当天还有下一趟车的话。至少前面的路还算得上一条直路，几位司机也平静下来。我们最终乘坐着神秘客车从吐鲁番进入乌鲁木齐。之所以称之为"神秘客车"，是因为你根本不知道它什么时候开车，也无从得知它何时能够到达目的地。从车站出来，我们叫了一辆出租车，告诉司机带我们到市中心，结果他带我们来到的是红山公园附近古老的红山宾馆。红山的意思是"红色的山"，而山也确实名副其实。宾馆房间设施一般，但是价格还算公道，每晚七十元人民币，而且还提供热水。幸运的是，我们只住一晚。办理入住手续时，我们碰上一位向我们兜售每天发往天池的大巴车票的年轻小伙子。刚到几分钟，我们就把离开的事宜安排好了。为了确保从天池回来以后不会在乌鲁木齐有任何不必要的耽搁，我们还在宾馆附近的航空公司售票处订好了两张飞往伊宁的机票。伊宁曾位于中俄边境，或者曾经位于中苏边境。现在，边境的另一侧称作"哈萨克斯坦"。

订好机票后，我们沿马路穿过一个街区前往友谊商店买酒，把能扛得动的都买回来储备着。在众多牌子中我们发现有两款名为"丝路明珠"和"楼兰红"的酒都是十四块钱一瓶。结果证明，"楼兰红"是十足的解百纳口味，而"丝路明珠"也毫不逊色。新疆人用葡萄酿酒已经有两千年的历史了，但是他们花了很长时间才搞明白，其实他们用不着在酒中加糖。

次日一早太阳刚刚升起，我们就出发离开乌鲁木齐，一路向北。乌鲁木齐作为首府，也是自治区最大的工业城市，我们用了半个小时才出城来到宽阔的大路上。在这里，我们看见成群的骆驼正在用力地咀嚼着夏天过后残余的青草，还有很多正对着昨夜路上被撞死的动物大快朵颐的乌鸦。

离开乌鲁木齐一个半小时后，我们的车子拐上一条支路，向东驶入山区。之前在哈密绿洲旅行时，我们都是从汽车或火车车窗里看到天山山脉的轮廓时不时地出现在地平线上；而现在，天山就在我们面前，越来越近。没过多久，我们的车已经开始蜿蜒驶入山谷，在山坡上盘桓而上。

两个半小时后，我们的车驶入了天池停车场。下车后，在红山宾馆卖给我们车票的那个年轻人带我们爬上一座绿草茵茵的小山丘，来到他家的一处住所。我们来到的是哈萨克之乡，接下来的两个晚上，毡房就是我们住的地方了。

虽然与常见的住房有相当大的不同，但毡房就是个住的地方。毡房是用毛毡搭在格子框架上建成的圆顶帐篷。向导为我们掀起门帘，进入房内，我们把行李和酒放在地毯上。虽说此处距乌鲁木齐只有不到三个小时的车程，但这里简直是另外一个世界，一个与天穹亲密接触的世界。

天池就在我们的毡房外面。它就像一块镶嵌在山巅的蓝宝石，三面被五千米高的天山山峰围绕着。从我们住的毛毡房门口望去，只见落日将白雪皑皑的峰顶染成了金色，湖水则映成一片粉红。

我们并不是来此欣赏美景的第一人。三千年前，周穆王从都城出发，沿丝绸之路千里迢迢西行前往瑶池与西天王母娘娘会面。一些历史学家认为两人会面的地点正是我们毡房下面的天池湖边。

西王母娘娘的真实身份至今仍然是个解不开的谜。有的学者认为她可能是古代大食国的女王，古大食国位于今天的沙特阿拉伯；还有人说她是某个王国的统治者，统治着现今阿富汗和乌兹别克斯坦的部分地域。不管哪种说法，重要的是，对于古代中国人而言，西王母被视为"月亮女神"的俗世代表，对应于"太阳神"或"东王公"。

正如太阳从东方升起一样，月亮每个月都以新月的形式出现在西方的天空。作为月亮女神，西王母还象征着人们对长生不老的崇拜。她所赐的长生不老药，说不定正是吸引周穆王不远万里、西行所求的东西。如果为了得到一头骆驼你能走上两公里的话，那么为了求取保你延年益寿的不老药，你能走多远呢？周穆王一共行走了一万五千多公里，我猜那药也没有管上什么用，因为他最后被葬在

天山脚下的毡房

西安以南的某个地方。

　　此时，从我们的毡房门口望去，落日渐渐隐去，繁星似雪花般在天空聚集。钻进毛毯下面的时候到了，因为我们的毛毯是好几层堆在一起的。刚进毡房不久，主人进来往毡房中央的铁炉子里加了几块煤。但我们两人太懒了，没有让炉火继续烧下去。另外，我们有从乌鲁木齐友谊商店带来的热量——酒精。正在我们往杯子里续第二杯酒的时候，听到隔壁毡房里有人唱起了哈萨克民歌。

　　没什么大惊小怪的，我们的主人就是哈萨克人，每年夏天他们都会把自己的羊群赶到天池附近来放牧。自从政府把通往天池的路修好之后，哈萨克人就在这里支起了毡房，专门招待像我们一样的游客。不过，现在是9月中旬，再过两周他们就会拆掉毡房，回到山脚下的草场，在那里的土房子里过冬了。

　　在新疆，哈萨克族是仅次于维吾尔族和汉族的第三大族群，人口有一百多万。他们大多散居在天山北麓的草原地带，从哈密以北的巴里坤湖一路向西至伊犁河谷和俄罗斯边境。

　　哈萨克族与其他游牧民族一样，他们与畜群一起生活并以此为生。据历史学家证实，哈萨克人骑马牧羊的历史至少有两千年。我们带了足够的酒在身边，所以不妨听我们讲述哈萨克人的祖先迎娶汉族公主为妻的故事。

　　故事发生在元老院统治罗马的时期。实际上，当埃及艳后克里奥帕特拉还在襁褓中的时候，大汉王朝已经派出史上著名的丝绸之路旅行家张骞来到亚洲的这个地区与乌孙国即哈萨克人的祖先缔结联盟。

由于与匈奴之间战事不断,而匈奴人又一直威胁着汉朝在河西走廊的利益,所以汉人急于在西部建立第二条战线。而乌孙国是当时中亚地区人口最多的游牧部落,张骞很清楚,乌孙国对匈奴夺走了他们最好的牧场一直耿耿于怀。为了巩固与乌孙国的关系,汉朝皇帝将自己十六岁的妹妹嫁给年迈的乌孙国国王,而乌孙国国王则以上千匹良驹作为回报。因此,细君公主成为联结哈萨克人祖先与汉人祖先的第一人。

细君公主其实并不怎么喜欢自己的新家。她在自己的毡房里闲坐时创作了下面这首著名的《黄鹄歌》。

> 吾家嫁我兮天一方,
> 远托异国兮乌孙王。
> 穹庐为室兮旃为墙,
> 以肉为食兮酪为浆。
> 居常土思兮心内伤,
> 愿为黄鹄兮归故乡。

和亲之后不久,老国王去世,细君公主再嫁新王,不久之后她也离世而去。

这就是哈萨克人与汉人友谊的开端,我觉得此时此刻我们最好再来上一杯酒。在以后的几个世纪里,乌孙联盟又联合了其他游牧部落,其中包括突厥人、维吾尔族人和蒙古族人,到15世纪的时候,他们最后形成自己独立的部落,摆脱了乌兹别克汗国蒙古首领的统治。在他们摆脱蒙古领主获得自由后，很快就在天山北部支脉即现在的乌兹别克斯坦一带的东部地区定居下来。我很高兴地向大家报告：他们如今仍生活在那里。

喝完临睡前的最后一杯酒，我起身把毡房的门帘放下来，此时的月亮正爬上附近的山峰。我们倒不是不想让月光照进毡房里，而是对女巫心存忌惮。按照哈萨克人的说法，女巫住在月亮上，以人心为食。她总是弓着背，拎着一袋沙子。没人知道她何时养成了嗜食人心的恶癖，但月神得知以后，十分生气。她不想丧失在人间享有的盛誉，因此给了这个又老又丑的巫婆一袋沙子，并让她把袋中的沙粒挨个数一遍，否则再也不能到人间去。于是，她开始数沙粒。但是每当快数完时，月神就派一群燕子俯冲下来打散沙子，女巫只能重新数起。我盯着月亮看了很久，确认她还在那里，然后才放下毡房的门帘，在高高的天山之上，在俯瞰天池的小山包上进入了梦乡。

五年前，政府修了一条通往天池的公路，这里才变成了旅游目的地。虽然每天都有几百位参加一日游的游客来到这里，但这里仍然是哈萨克人定居的家园。他们把这里作为夏季牧场已经有几百年、甚至几千年之久。天池周围的牧民为了增加收入，向少数日落后仍然逗留不去的游客出租毡房，每晚只有十元人民币。此外，他们还向游客提供骑马旅游项目，每天收费五十元。骑马这项目听上去很不错，芬恩和我想象着马背上的美好生活进入了梦乡，此时只有风儿温柔地吹拂着我们的头发。

吃过早饭，主人为我们两人备好了两匹小马，也为向导备了一匹，于是我们三人沿着湖边的小路下山。走了大约一公里，很不凑巧，乌鲁木齐市的市长也是今天来游天池，公路被封锁了。但我们是骑马来的，不受影响。三匹马很快爬过了一个山脊，我们已经超过市长和他的随从们来到一大片长满冷杉和牧草的原野，偶尔可见成片的蒲公英，还有一两只易拉罐零星躺在地上。

九十分钟后，我们来到湖的尽头；又过了一个小时，我们抵达"停马场"，骑马的人都在此处下马，然后牵马步行进入山里，我们也是依此照办。走了两个小时后，山道分岔，其中一条通往天山山脉东段最高峰——博格达峰，站在此地便可以望见远处五千四百米高的峰顶。博格达峰对我们来说太远了，但是坐在从山中滚滚而来的溪流边上，我们已经感到心满意足了，从高天之上奔腾而下的溪水确实让天池名副其实。

我们一路又是骑马又是步行，花两个半小时才来到这里，所以不能急着离开。沿丝绸之路一路走来，此时在雪线之下，坐在湍急的溪流边，四周簇拥着冷杉和青青牧草，真让我们喜出望外。就这样过了一个小时，向导提醒我们，如果再耽搁下去，恐怕大家就要摸黑骑马回家了。我们赶紧上马，沿小路回返下山。很显然，马儿之间正在进行某种竞赛，向导不时地扬起鞭子或者发出低沉的哨声让马儿回到队伍中来。几匹马真是好样的！它们一路涉过乱石遍布的溪流，悠闲地跨过圆木搭建的小桥，似乎"磕磕绊绊"这个词从来就不存在似的。我还从来没有见过步履如此稳健的动物呢。马是哈萨克人最重要的财产，经过几年驯养后，它们和主人之间会培养出不同寻常的亲密关系。哈萨克人去世后，任何人都不许再骑他

骑马进山

山间溪流

途中休息

的马。

那一天，我们在马鞍上总共待了五个小时。我们回到毡房要坐下来的时候，才意识到自己永远也不可能成为牛仔。兴许走走路可以让我们暂时忘掉隐隐作痛的屁股，因此，我们慢慢地走到第三停车场旁边的天池饭店，听说这里是山上最好的地方了。

月亮之下，又一个梦幻般的夜晚过去了，主人把我们叫醒，帮我们生起炉火，给我们送来新鲜的马奶。我们来到外面，只见清晨的薄雾正慢慢地把它的面纱从湖面上撩起。我们问主人为何没有人在这里钓鱼。他说，湖里是有几种鲑鱼，但自从天池被列为自然保护区后，便不准在此垂钓。只有当保护区的管理人员出去做抽样调查的时候，他们才能再次品尝到鱼的滋味，而且对于猎杀熊、野山羊、长耳鹿和狼等野生动物也有类似的限制。

古代的哈萨克族把狼作为他们部落的图腾，称之为"灰胡子勇士"。哈萨克民歌中讲述了很多有关狼带领哈萨克人战胜困难走出险境的故事。哈萨克人至今还把狼骨戴到孩子脖子上作为护身符，而且他们还是亚洲为数不多的禁止吃狗肉的民族之一。

哈萨克人尊崇的另外一种动物是猎鹰，而且这出于一种非常奇特的缘由。他们认为，只要他们做错了什么事，肯定是一只小鬼趴在他们肩头的缘故；而只有猎鹰这种动物能够看到这些小鬼。因此，哈萨克人喜欢随身携带一只猎鹰，不仅因为猎鹰可以捕捉一些小型猎物，而且因为他们可以保证小鬼不会近身。

对于哈萨克人而言，甚至树也是他们尊崇的对象，尤其是那些孤零零的树。按照哈萨克人的传说，很久很久以前，他们的祖先就

天山天池

是由这样一棵树生出来的,而中国西南很多其他部落(比如侗族)也有同样的传说。

  这些树人的后代在很多世纪以前走出森林,来到天山脚下以放羊为生。最后,芬恩和我恋恋不舍地与他们道别。在天池边上的毡房里住了两夜之后,我们回到了乌鲁木齐。对于乌鲁木齐,只有一件事是可以称道的,那就是,感谢观音菩萨,这里有个机场;再次感谢观音菩萨,她给我们在次日离开此地的飞机上留了两个位子。我还要第三次谢谢她,是她给我们安排了一揽子财务计划,让我们能在乌鲁木齐假日酒店享受一番。对,就是假日酒店。

  芬恩和我从来没有想到过竟然能在这里有幸见到一家西方世界的老牌假日酒店。每晚一百美元的房价对我们的预算而言实在是太贵了。但假日酒店不仅有客房,还有酒吧。不管你信不信,在这个距离大海两千五百公里、比世界上任何一个城市离大海都远的乌鲁木齐,竟然每天晚上都有"欢乐时光"[①]。这里是丝路上唯一的一处"欢乐时光",望着招牌,我们仿佛看到了海市蜃楼。但是,这绝对不是海市蜃楼。每天晚上6点到8点,啤酒和其他各种酒类都是按照标准的"欢乐时光"价格供应,买一送一,而且啤酒还是冰镇的。女侍者们身穿格子呢的小马甲,在我们的桌边跪下来往杯子里倒酒,而杯子都是那种高高的"米勒好生活"[②]啤酒杯。美女缓缓地往杯中

[①] "Happy Hour"为酒吧术语,通常指为一小时或更长的优待顾客时间,或是饮品减价,或是免费供应小吃。——译者注
[②] "Miller High Life"被称为"啤酒中的香槟",它一直是消费者心中认定的精品啤酒,特别受高收入人士的欢迎。——译者注

哈萨克人合影

斟酒，我们悄悄地往她们马甲的小口袋里塞一点小费，然后看她们对我们报以甜美的微笑。就算你不给她们小费，她们也会把所有的小吃，如花生米、葡萄干和香菜面包棍拿来让你吃个够，而且全是免费的。想一想，就在几个小时前，我们还蹲坐在羊粪堆上，而现在呢，我们却慵懒地躺在软垫椅子里，喝着冰啤、欣赏着大厅里传来的管弦乐乐团演奏的莫扎特音乐，俨然已经置身丝绸之路之外。

此时是写家书的最好时刻，女招待从宾馆前台给我们拿来几个信封，上面竟然敷好了胶水。这真是个不错的地方，我是就邮寄而言。毫无疑问，乌鲁木齐是我们在全中国所有邮寄过包裹的地方中最好的。在中国邮寄包裹简直就是一种折磨，这需要巨大的耐心和高超的缝纫技巧。以前，中国的邮局一直不接受国际邮包，除非你把邮寄品装进类似洗衣袋的布包里然后缝起来，而且你还得自己找布料并把包裹缝好，这种情况直到最近才有所改观。改革的春风甚至吹进了邮局，现在有些邮局已经开始接受用纸板箱甚至褐色包装纸来邮寄物品了。很显然，乌鲁木齐邮局已经走在了改革的前沿；但考虑到"文革"中发配到这里的知识分子的数量之多，这倒不足为奇。

首先，市内主要的邮局大多位于城市的中心位置，从假日酒店步行即可到达。其次，就在邮局前门内，有一个柜台专卖缝制好的布袋子、纸板箱、包装纸以及任何邮寄所需要的东西。再次，国际邮递区的工作人员十分热心，他们甚至帮我们缝好邮包，并把箱子缠上胶带，甚至帮我们填写所有的法语表格。我在此收回我所讲过的有关乌鲁木齐的一切坏话。

在乌鲁木齐假日酒店享受了创记录的、最久的"欢乐时光",还给朋友们写了信,之后应该读点东西了。我拿着一本两百年前一位汉人官员所著的有关乌鲁木齐的诗集——《乌鲁木齐杂诗注》翻阅。当我翻到"民俗"篇时,其中的第一首诗描写的是当年汉人官员要求酒商在门口挂起蓝色的门帘、所有的商户必须在店前栽种柳树的场景:

> 一路青帘挂柳荫,
> 西人总爱醉乡深。
> 谁知山郡才如斗,
> 酒债年年二万金。

这首诗恰好提醒我们:今朝有酒今朝醉。趁着"欢乐时光"尚未结束,我们必须再点一轮酒,再来点面包棍,拜托了。

就这样,我们坐在那里,喝着买一送一的啤酒,久久不肯离去,但是夜幕降临,不得不结账回家了,我们的家就在街对面的红山宾馆。付过酒单,我们悠闲地从大堂逛过去,摘了一下头上并不存在的礼帽向管弦乐团成员和门童致意,重新回到了现实世界中。

刚走出酒吧大门,一个维吾尔族人叫住了我,问我想不想换钱。我身上带的人民币正好不多了,就问他按什么价格兑换。他说一百元外汇券换一百二十五元人民币。这是这趟旅行开始以来我们听过的最高的兑换率了。到目前为止,两者的差价基本在百分之二十左右,而现在突然变成了百分之二十五。上哪儿去找这么便宜的好事！于是我抢先提出给他换一千元。那个人掏出计算器，算出了正确的数目。然后，他把手伸进兜里，掏出人民币递给我。我数了数，数目不够，就递还给他。他很不情愿地添足了钞票。然后，他要求查看一下我的外汇券。我把外汇券递给他，他把人民币交给我。幸运的是，在"欢乐时光"喝下的那些啤酒对我视力的影响并没有像对我判断力的影响那么大。我看穿了他的障眼法，一把抓住了他的手腕。有一半人民币从他的袖筒里滑落出来，这是我应该拿到的，但差一点儿就失去了。反正我设法抢回了我的外汇券，并确定没少一张，然后才把我手中属于他的那半人民币扔还到他的脸上。我恨自己又一次犯了战术性的错误。换钱的第一条和最后一条法则是"决不要先把自己的钱掏出来，直到数过对方的钱并放进自己的口袋里"。决不重犯，决不重犯，决不重犯！尤其是在度过"欢乐时光"后！

伴着清晨的第一缕阳光，我们赶往乌鲁木齐机场。我们终于要离开这个工业城市，以后再也不会回来了。再见了乌鲁木齐！我们前往的下一个目的地是伊宁，地处中国和乌兹别克斯坦边境线中国一侧。乘大巴两天才到，而坐飞机只需九十分钟。显然，我们还是坐飞机去的好，但是机票不是随时都能买到的；飞机也并不是天天飞。我们还算幸运，到达乌鲁木齐的当天就预订上了机票；但是直到我们出发的前一天且机场打来电话确认飞机已准备起飞后才允许我们实际购票。我们也早就准备好了。为了赶紧离开这个城市，我们甚至做好了随时放弃在假日酒店"欢乐时光"的美好享受的准备。次日一早，我们 5 点 30 分就起床，然后把宾馆看门人叫醒，看门人又叫醒了楼层服务员；楼层服务员检查完我们的房间，确保我们没有把宾馆的毛巾偷走，这时我们才获准离开宾馆，前往几个街区外的航空售票处，机场班车正在那里等着我们。班车6点30分准时开车，只用二十分钟就到达机场；到达机场以后才发现，我们还要在这里无所事事地耗上两个小时。我们就这样干等着，直到9点钟，我们的航班终于广播要登机了。我们从保安身边鱼贯而出，向停靠在跑道上的一架波音737飞机走去。这时，一个保安朝着我们狂吼，并指向另一个方向。原来，我们的飞机是一架伊尔-224涡轮螺旋桨飞机，而它就停在飞机维修库的外面。这可不是什么好兆头！不过，我们当时感觉运气还不错。我们走过去，登上飞机，加入了其他三十位幸运人物的队伍。

空姐站在机舱门口，提醒大家本次航班确实是飞往伊宁。我们找到自己的座位坐好，等待飞机起飞。伊宁离这里只有九十分钟的路程，但是我们首先得飞过天山的一个支脉，再越过五千五百米高的婆罗科努山顶峰。我乘飞机旅行已有四十五个年头了，但当我们把乌鲁木齐甩到身后飞近婆罗科努山的时候，我发现我们离山如此之近，只比亲身走在山顶差那么一丁点儿。如果山上有野羊的话，我们肯定能看得清清楚楚。当时已接近20世纪尾声，但飞行还是全凭直觉行事。我不禁回想起母亲给我讲过的有关早期商业航空的一些故事。六十年前，她是美国第一届空乘专业毕业班的空姐之一，当时在美洲航空公司服务。那个时代，空姐仅凭一张漂亮脸蛋儿还不足以取得飞行资格，还必须是注册护士。乘飞机不仅是一种出行方式，还是一种冒险行为，只有那些火急火燎赶时间的人以及疯子才会乘坐飞机。

据我母亲讲，飞机每个月至少有一次会降落在机场以外的地方。有时是为了躲避糟糕的天气，有时候是为了加油，而有时仅仅是为了搞清楚他们到底身处何地。此时此刻，我们至少知道自己所在的位置，虽然并不知道为什么是在这个位置。我们正在五千五百米高的婆罗科努山顶峰以上三百米处飞行。伊尔-224型飞机螺旋桨发出的巨大轰鸣声淹没了机上同行乘客们惊恐的喘息，他们和我们一样，搞不明白飞机为什么飞得这么低，以至于雪崩激起的水晶般的雪尘都在我们眼前清晰可见。

天山是乌鲁木齐以北的准噶尔盆地与以西的伊犁河谷的分界线，而婆罗科努山则是天山最北端支脉中的最后一座雪山。显然，机长在利用绝好的天气省油，他飞得如此之近，我们马上就要掏出念珠来了。各路神仙肯定都来到了舷窗外面。好在我们安全地飞过婆罗科努山犬牙交错、白雪茫茫的顶峰，于始缓缓下降，飞机掠过一片宽广的高原，上面点缀着哈萨克牧人的白色毡房。它们看上去像数不清的蘑菇——我说的是毡房，不是牧人——当然，我们也能看到牧人们，飞机飞得太低了。几分钟之后，高原一分两半，我们沿着伊犁河向西飞往伊宁，这里是我们丝绸之路上经过的又一片绿洲。

第十三章

伊宁：民族英雄的流放地

早在公元前 3 世纪，在匈奴人的逼迫之下，几个游牧部落放弃了他们在河西走廊的牧场来伊犁河谷避难。其中就有乌孙部落，而汉朝曾派使节张骞前来与其结成联盟抗击匈奴，最终联盟没有结成，但其后封建王朝的统治者为了收回对伊犁地区的控制权，不断地进入伊犁河谷，最近一次是在 18 世纪为了抗击沙俄对这一地区的侵略。二百五十年后，我们来到了这里，乘坐俄国制造的飞机降落在伊宁机场，在机场大厅欢迎我们的是说俄语的广播员。

伊宁的西面曾经是苏联，现在是刚独立的哈萨克斯坦共和国。我们很快就发现，到中国的这个前哨来参观，周末不是个好时候。可惜，我们到伊宁的当天恰好是周六。在中国旅行期间，我们从来没有预订过宾馆，而且也不需要。如果第一家宾馆住满了，那么到稍微差一些的第二家总会有房间的。来到伊宁，我们转了四家宾馆才最终找到了一间简朴的客房。伊宁的宾馆房间之所以比较紧张，是因为城市离边境只有不到两个小时的车程，每到周末，这里就塞满了来自俄罗斯和哈萨克斯坦的做小买卖的无产者。迄今为止，我们在丝绸之路上旅行所及的地方遇到的都是维吾尔族人、汉族人，

伊宁街边一景

还有几个从草原下来的哈萨克人。突然在街上遇到几十个与我们擦肩而过的蓝眼睛、红头发的俄罗斯人，我们吃惊地瞪大了眼睛盯着人家看，难以相信我们还在中国。不过，我们在城里见到的俄罗斯人，也和我们一样都是匆匆的过客。

中国将伊宁收复的时候，大多数居住在伊宁的俄罗斯人到边境的另一侧（苏联）投奔了自己的亲戚。当然，并不是所有的俄罗斯人都离开了。有几千人决定留下来。想象一下，在中国的土地之上，有这么一群人，他们布置圣诞树、唱着圣诞颂歌庆祝圣诞节，而且节日延续三天三夜，或者直到喝完伏特加为止。

这几千名居住在中国边境这一侧的俄罗斯人都是东正教教徒。18～19世纪期间，基督教中一支改革派在俄罗斯宫廷占据了上风，开始迫害坚守传统教义的基督徒。有些人拒绝改变信仰，一路越过边境逃到中国境内，他们就是居住在伊宁的俄罗斯人的祖先。我们到访伊宁的时候，此地的俄罗斯族人口接近一万。这些俄罗斯人仍然在周三为了赎犹大之罪而全天禁食，周五为了纪念基督遭难也禁食一天，他们每年还在1月7日过圣诞节。

在伊宁，除了俄罗斯人，还有鞑靼人[①]。他们的祖先也是来自边境的另外一侧。鞑靼人与俄罗斯人以及中亚的其他斯拉夫民族同根同源。但是鞑靼人对这些传统进行了独特的改变：他们尊奉穆罕默德（而不是耶稣）为自己宗教的创始人；他们认为成吉思汗的游牧部落（而不是伟大的斯拉夫人）是自己的祖先。如果再加追问，他

---

① 鞑靼人即塔塔尔族，有时鞑靼泛指中国北方各民族。西方社会通常将蒙古泛称为"鞑靼"。——编者注

们还可以把自己的祖先往前追溯至一只母狼。即使现在，为了驱魔避邪，鞑靼人还是喜欢把狼的后腿骨挂在脖子上。每逢鞑靼节日，老妇人们会装扮成狼的样子。

睡了一晚，我和芬恩才从旅行的疲劳中缓过劲儿来，接下来我们做的第一件事就是到边境参观。伊宁的一家旅行社几乎每天都会组织一批人到位于中国境内的边境市场去参观。我们付了钱，和其他大约二十位来自中国各地的游客一起去看看那里的市场到底在买卖些什么东西。两个小时后，我们找到了答案。

市场位于建在离边境约一公里的一块闲置农田上的仓库内。一位身材高大、体格健壮的男人站在门口挡住我们的去路，说必须付钱才能进去。进市场还得付钱？头一次听说，但我们很快就默认了，每人付了十块钱走了进去。市场里面全是卖衣服的中国人和买衣服的俄罗斯人。据导游讲，俄罗斯人通常早晨抵达市场，兜售望远镜、手表、皮靴以及其他轻工产品。然后，他们用赚来的钱买进中国生产的衣服，带回边境对面的俄罗斯销售。这里最受欢迎的商品是羽绒服。在拥挤的人群和衣服中间挣扎了大约五分钟之后，我们放弃了努力，走了出来。这和我们想象中的市场不太一样。

在旅游团各位团员狂热的购物欲得到满足之后，我们来到附近的边境检查站。此处为"霍尔果斯"口岸，据说是中国与哈萨克斯坦边境上主要的货物集散地。虽然它比柏林墙逊色很多，但我们还是拍了几张照片，然后转身返回伊宁。不过，我们的游览还没结束。

从边境返回伊宁的途中，我们的车子拐上一条岔路，驶向一座蓝

霍尔果斯边境贸易市场

色琉璃瓦覆顶的波斯风格的陵墓,这就是秃黑鲁·帖木儿汗麻扎①。秃黑鲁·帖木儿汗是成吉思汗第七代孙,他从蒙古族祖先手中继承了一个治下疆域包括伊犁河谷地带在内的王国。秃黑鲁·帖木儿汗是一位精力充沛的统治者,也有很强的求知欲。作为第一个皈依伊斯兰教的蒙古可汗,同时他还号召自己的臣民也信奉伊斯兰教。他的后代在统治帖木儿帝国的三百年中,发誓要让整个亚洲皈依伊斯兰教。截至1405年,帖木儿大帝将帖木儿帝国的版图扩张至今天的伊朗、伊拉克、阿富汗、格鲁吉亚和亚美尼亚。他的军队征服了叙利亚的大部分、东土耳其、北印度和俄罗斯南部。正当他计划入侵明朝的时候,帖木儿突然去世,他的继任者更倾向于用和平手段使异教徒皈信。总之,从秃黑鲁·帖木儿汗到帖木儿大帝,再到他们的继任者,伊斯兰教开始在亚洲地区广泛传播。时至今日,伊斯兰教仍然是丝绸之路上占统治地位的宗教,这一点还要归功于他们做出的先驱性的努力。

除了到秃黑鲁·帖木儿汗的陵墓参观之外,我们还在惠远②稍作停留。这里曾经是新疆这一地区的政治和军事中心。我们来到老城中心参观19世纪中叶被贬官到此的林公的住宅。

林公就是林则徐。1838年12月,他被道光帝任命为钦差大臣,专门负责广州地区查禁鸦片事务。1839年春抵达广州后,林则徐对当地外国商人下达最后通牒,通告他们上缴所有鸦片后才准予离开。

---

① 麻扎,意为新疆伊斯兰教圣裔或知名贤者的坟墓。——编者注

② 乾隆皇帝在平定了准噶尔蒙古贵族叛乱之后在今新疆地区设立"伊犁将军",并修筑了惠远城为其驻地。从此惠远成为新疆地区的军政中心。——编者注

惠远古城鼓楼

但是鸦片贸易仍在继续，九个月之后，即1840年的1月份，林则徐进一步采取措施，宣布广州对英国商船永久关闭，之后又悬赏销毁英籍商船、捕杀英国人。于是，英国以林则徐的虎门销烟为借口发动鸦片战争。中国军队战败，颜面尽失，林公后来也因此获罪，被发配到清朝最遥远的角落，也就是我们所在的地方——惠远。

流放反而使他成为民族英雄。据我猜测，在他被流放后的几年中，英国人在贸易谈判中不会再听到林公的名字了。林公不仅率先在中国南方掀起对英帝国主义分子的抵抗，发配伊犁后还发出了警惕北方沙俄侵略的呼吁。林公的担心不是没有根据。1871年，沙皇的军队侵入伊犁河谷，借口是天山另外一侧发生叛乱，他们需要自卫。十年以后，圣彼得堡逼迫北京将河谷的一部分割让给沙俄。我们还在附近参观了林公流放期间居住过的院子，除了两只石狮子外，其他可看的并不多。我们最大的发现当属鼓楼对面商店里的两瓶冰啤。至少我们在回到伊宁前解了解渴。

旅游结束后，我们意识到身上的人民币又快花光了。回宾馆的路上，我们停下来与当地一群换汇的人讨价还价。我花光了外汇券，但身上还有几张本杰明·富兰克林[①]，我问一百美元能兑换多少钱。我很惊讶，竟然能换到七百元人民币，这比通常的黑市价还要高出百分之五。我又一次决定豁出去了，而我也又一次见识了最黑的黑市新招数。

通常情况下，当换汇的人喊出不同寻常的高价，尤其是没有经

---

① 本杰明·富兰克林，即美元百元大钞，因其正面印有开国元勋之一的本杰明·富兰克林而得此外号。——译者注

秃黑鲁·帖木儿麻扎

过很长时间的讨价还价,这时买家应该要小心了。但是我们把身上所有的人民币基本上花光了,而且接下来要去的地方不承认人民币以外的其他任何币种。我们在乌鲁木齐刚刚得到的兑换外汇券的教训是:在数清楚对方的钱并安全地放到自己的口袋里之前,不要掏出自己的钱。这一次,我把七百元人民币放到口袋里之后,才把我的本杰明·富兰克林递给了换钱人,这时他叫来了他的同伙。他的同伙把百元美钞对着光线举起来看,然后卷起来,接着用手反复地擦拭,好像是在看钞票上的油墨是否会被擦掉一样。果然,那人让我们看到了他手上的墨迹,接着把钞票还给了我,说是假钞,要我退还他的七百元人民币。正当他把我的钞票递还给我,我伸手从口袋中掏出那七百元人民币的时候,我突然发现他还给我的钞票和我给他的看上去不一样!不用展开就知道这是一张面值一美元的。这时我建议如果他真的认为我给他的是假币的话,我们可以找附近的警察来说理。最后,他的钱留在了我的口袋里。我又一次侥幸逃脱骗局。

近年来,伊宁以其与哈萨克斯坦共和国开放的边境贸易而吸引了众多的内陆居民来此经商。但是,这个地区在人口构成上还是以维吾尔、哈萨克以及其他人口较少的少数民族为主,例如锡伯族。

锡伯族的故乡原先在几千公里之外的中国东北地区。17世纪满族人征服中国建立清朝之后不久,把四千余名锡伯族军民派遣到伊犁河谷,万里长征在屯垦区戍边。六年后,锡伯人请求乾隆皇帝允许他们回归故里,但是皇帝的回复却是将他们的服役期再延长六十年,从此以后他们就在伊犁定居下来。在过去的两百年中,他们在此地的人口增长到三万人,大多数居住在伊宁西南二十公里外的察布查尔锡伯自治县，这里也是他们1764年初到新疆时所定居的地方。被满族征兵从军之前，锡伯族人一直以打猎和捕鱼为生；但他们到达伊犁河谷以后，被迫以农耕为业。每年农历四月十八，他们都会举办射箭和摔跤比赛，以纪念自己的祖先集体迁徙的日子。当年他们的祖先在迁徙途中整整跋涉了十七个月，而且多数人没有到达目的地。但是锡伯族的纪念活动远远比不上蒙古人每年在巴音布鲁克举办的那达慕大会，而我们前往丝绸之路下一站的路上正好会经过巴音布鲁克。

我们早就听说中国政府不允许外国人穿过巴音布鲁克草原前往库车，但我们实在不想回到乌鲁木齐。真是无巧不成书，当我们抱着撞大运的心态来到当地的汽车站时，竟然搞到了两张直达库车的车票。但车站站长坚持要我们付双倍的价钱。迄今为止，由于肤色不同，在我们买火车票、飞机票或者船票的时候都要付双倍的钱；而参观历史古迹则要付十倍；但让我们以双倍的介格买汽车票，这还是第一次。作为旅行者，我们对此也只能叹息一声，为了能够离开此地，我们什么价钱都愿意付。

第十四章

巴音布鲁克大草原：超现实主义

次日清晨，我们登上每天从伊宁发往库车的长途客车。这总共两天的车程成为我在中国最难忘的汽车旅程之一。车在雨中出发了，之后一路沿着天山光秃秃的山麓和伊犁河蜿蜒前行。河对岸是基本没有人居住的广袤平原，一路上我们看到的骆驼比人都多。

车顺理成章地坏在了路上。虽然这里不是出机械故障的理想地点，但是在司机设法修理引擎故障的时候，我们至少还能打个盹！普通故障中国的客车司机一般都能修好，我们的司机也不例外。一个小时之后，我们继续在荒野中行进，傍晚时来到一个孤零零的十字路口，这里一条路往北通往乌鲁木齐，另一条路向南通往库车。

我们转向南行，片刻之间我们的车就开始盘旋驶上"之"字形的山道，随着一个接一个的急转弯，我们进入了天山的另外一条支脉。山坡上长满了冷杉，一切都笼罩在雾气中。途中我们经过一顶毡房，看到毡房外面有几匹小马驹，还有一辆摩托车。毫无疑问，摩托车是为了进城用的。车子开到山顶时，我的高度计显示的数值为两千五百五十米，此时我们正行驶在暴雪中。山顶其实就是一个巨大的高原，而这也就是我们要去的巴音布鲁克高原。但巴音布鲁

途中风景

巴音布鲁克汽车站

克县城所在地则是周围百公里之内唯一的"城镇",我们还要行驶一小时才到。

雪开始下得小了一些,离开伊宁十一个小时之后,我们终于驶进位于巴音布鲁克县城城北的汽车站。我们向几个街区之外的城中心望过去,一家剧院映入眼帘。它是县城唯一一栋没有蜷缩在地面上取暖的建筑物。虽然娱乐的诱惑就在不远处,我们还是按照日程先登记入住在汽车站里最好的一个房间。我们花了四十块钱得到两张床、一堆毯子、一张桌子、几把椅子和一个煤炉。之后的事实证明煤炉反倒成了麻烦——后面我还会讲到。

我们穿上秋衣秋裤,开始溜达着去剧院。这时两位妇女骑着炭黑色的小马跃过一条小溪,沿着街道向我们走来。她们留着长发,全身裹在一层层的衣服里面,如果不是看到她们的长发,我们还真猜不到她们是女人。原来,除了内蒙古和蒙古,巴音布鲁克是最大的蒙古人聚居中心。

巴音布鲁克根本就是一个贸易站,牧人来这里用羊皮交换煮饭用的铁锅等工业品。芬恩和我琢磨着这里有什么可买的东西,但是我们不是来买炒锅或暖瓶什么的。看到一家小商店好像是卖外套的,我们就从门口探头进去仔细观望。女店主问我们想要什么。此时天上还在飘着雪花,芬恩感觉有点冷,所以我们就问她店里是否有厚外套。她说店里没有棉衣,但自己家里倒有两件。她便带我们穿过四个街区来到位于城镇边上的家中。

显然服装店的生意不错:她家里有一台小彩电,一部收录机,还有一架小电子琴。她从卧室兼仓库里拿出芬恩需要的东西:一件橄榄绿军服样式的外套，里子是一整块羊皮。至于价格，她说要二百元人民币，还不到四十美元。太棒了。不管是多冷的天，穿上它保证暖和。全副武装以后，我们溜达着回到汽车站那间有煤炉的温暖客房中，因为剧院那天没开门。

以前我从来没听说过巴音布鲁克。但是每年夏天，这里吸引了世界各地成千上万的人前来观赏可以称之为"蒙古人奥运会"的那达慕大会。除了摔跤、射箭和骑马比赛之外，蒙古人还举行马球比赛。比赛就在镇子外面举行，所有的参观者都能在这儿找到住的地方，纵然有人只能大地当床星星做被。当地没有旅馆，只有汽车站有一二十间客房。我们很高兴能住在室内，而且房间里还有个炉子。

事实上，整个汽车站只有我们的房间里有一只炉子。于是，其他游客轮流到我们房间里来取暖避寒。我们刚到车站的时候还在下雪，但夜幕降临后，这里已经是繁星满天了。我们暂时离开温暖的房间到汽车站"饭店"用晚餐，每个人的晚餐都是一样的：羊肉炖土豆。饭后，我们到广阔的户外活动了一下，然后回到房间，打开了最后一瓶红酒。这是一瓶不错的"丝路明珠"牌解百纳。刚喝到一半，我们接待了最后一批来我们房间的访客。这次来的是六位年轻男子，每个人手上都闪耀着镶嵌硕大红宝石的金戒指。

我们给他们倒上酒，他们尝了尝，几乎都吐了出来。我们猜测，干红在丝路上不会有什么前途。然后，轮到他们让我们惊讶了。他们拿出了口味更加令人生疑的东西，然后掏出火柴和锡纸，问我们是否要试试"腾云驾雾"的感觉。

我们握紧红酒酒瓶准备自卫，然后拒绝了他们。但是，他们没

巴音布鲁克草原

有要离开的意思。没办法,我们只能听他们讲述有关丝绸之路上最新的贸易货物——海洛因的故事。他们说,货物全部来自缅甸,它们通过疏漏的云南边境线经过四川、甘肃,最后途经新疆伊宁运往边境对面的哈萨克斯坦。他们还说,货物最终的目的地是莫斯科,那里已经成为"金三角"在欧洲最大的市场。男孩子们手指上戴的宝石戒指就是他们这次行动的分赃,现在他们要返回库车把这些小玩意换成资金以便再买更多的海洛因。我们能对他们说的只有"晚安,亲爱的王子们"。

就这样,我们在高高的巴音布鲁克高原上的汽车站旅馆里度过了一夜。高原的海拔是两千五百米,而其周围白雪皑皑的山脊高度则有五千米。在这荒凉的高原上,白日里我们看到的唯一的活动便是偶尔有牧民骑马下山用动物毛皮换取生活用品。

我们到这里的时间太晚,不仅没赶上 8 月份举行的那达慕大会,也错过了看天鹅的季节。如果是春季或夏季来的话,我们可以租上几匹马去巴音布鲁克天鹅保护区游览一番。保护区成立于 1980 年,包括天鹅湖和周围的沼泽地在内共占地十万公顷。湖面长十公里、宽三十公里,这里是七十二种候鸟的栖息地,其中最著名的天鹅有三种,分别为大天鹅、小天鹅和疣鼻天鹅。

但是天鹅早就飞走了。屋外不时有几片雪花在繁星中飘舞着,而屋内有五六位游客正围着炉子暖手,他们很奇怪我们为什么老是喜欢呷红酒而不愿意"腾云驾雾"。显然,在这里,海洛因是十足的新玩意儿,人们并不知道它的厉害。等到他们回到自己没有一丝热气的房间,我们的酒也喝完了,于是上床睡觉。夜里,我感觉自己听到了一声狼嚎。

如今仍然有五万蒙古人还在巴音布鲁克高原过着传统的游牧生活。过去的几个世纪里,蒙古人四海为家,在13和14世纪蒙古人对亚洲大多数地区的征服行动中更是如此。一支被称作"土尔扈特"的蒙古人在今俄罗斯南部定居下来,18世纪时被沙皇的军队驱赶,他们被迫回到中国寻求庇护。从此他们就一直生活在这里,生活在巴音布鲁克高原上。

早上5点钟时,闹钟响了,我们乘坐的汽车半小时后发车。屋内的炉子在夜间熄灭了,所以我们躲在毯子下面尽可能地多待一会儿,然后飞快地穿上衣服,一把抓起行李走出房门。汽车就停在停车场门外,司机已经发动了引擎。几分钟后,车轮又滚动起来。天上看不到太阳的影子,只有月亮像一只露着牙嬉笑的猫,陪伴着它旁边的猎户星座。司机说,必须赶在太阳出来把路上的雪变成光滑的冰面之前赶到山口,否则就不能过山了。所以,我们只能轰隆隆地穿过巴音布鲁克高原在黑暗中前行。

除了我和芬恩,车上的每个人都在打哆嗦。我穿着丝质秋衣秋裤,而芬恩则包裹在"整张羊皮内",这是他头天晚上刚刚买的。我们的车子在黎明前的黑暗中行驶在巴音布鲁克高原上,唯一的光线来自星星和猫脸一样的月亮,正在此时,车上的一位乘客想打开一扇车窗透透气。很不幸的是,窗子全部被冻住了,根本打不开;他只能站起来走到车门那里,这时所有乘客都把注意力转移到其他事情上,比如点上今天的第一支烟,或者想象着暖暖的太阳。

车子在黑暗中轰隆隆地前行,我们也想象着有狼正在车外漫步,等着我们的车子在路上坏掉。这时我想起了几年前读过的满族作家写的一个有关蒙古猎人和狼的故事。故事很长,但我们前面的路也很长,而且此时离拂晓尚有一个小时。我还是把故事的开头跳过,直接从故事的核心说起。

一天,一位蒙古猎人正穿行在桦树林中。他什么也没有猎到,甚至连野兔的踪迹都见不到。对这位猎人而言,绝对是最糟糕的一天。最后,当他走出林子的时候,突然停住了脚步,扑倒在地上,连滚带爬地躲到了树林后,趴在树林边的雪堆后面。他眼前是一幅古老而壮观的景象:附近的山丘上一动不动地站着十八只狼,好像都冻僵了一样。时值2月份,正是动物交配的季节。但是,在高地草原生活的狼群中,每个狼群只有一只母狼可以生幼崽,那就是王后。这一年,与其他年份一样,王后有了挑战者,两只母狼开始紧张地准备拼死一战。连她们身上的毛发似乎都充满了力量。顷刻之间,整座小山刮起了混杂着白雪与鲜血的旋风,两只母狼为争夺做母亲的权力而发出的嚎叫和咆哮声回荡在雪原上。

那个初春,老王后被"废黜",一瘸一拐地离开了。同时,公狼们轮流为胜利者舔舐着伤口;狼群又出发了,只留下失败者独自疗伤。躲在附近桦树林中的猎人长出了一口气。他手中有一杆猎枪,但是一支猎枪对付狼群是没有用的。当然,如果对付一只独狼,则另当别论了。老王后一瘸一拐地下山向他的方向走来的时候,猎人把枪举到了肩头。

突然,老狼停了下来,嗅了嗅空气,改变了方向。她慢吞吞地接近了一个雪堆,根本没有意识到一只钢管正在瞄准她。这时猎人

天山

突然发现雪堆之下好像有什么活物，如果他开枪射击不能打中母狼的话，很可能就会击中雪堆下的活物。他知道雪堆下面是什么。没时间思考了，必须马上行动。他抓住一根桦树枝子，把它掰断，掰断树枝的声音在雪原上回荡着，母狼停下来，发现猎人站立起来用枪瞄准了自己。老狼没有扑进雪堆中，而是闪电般地跑开，消失在一片桦树林中。

猎人放下枪来，走到雪堆旁。他先是抬头再次确认一下狼已经跑掉了，然后开始挖雪。几秒钟之后他就从雪堆下面拉出一个人来，那个人手中还攥着几块石头，显然是惊慌之中捡起的，希望可以用来抵御刚刚拥立了新王后的狼群的攻击。那个人显然是外来的，身穿一件崭新的皮外套和厚厚的马甲，脚上穿着新皮靴，但没穿毛袜。他整个人都冻僵了，好像是一尊木雕一样。

猎人把那个冻僵的人翻过来，把手放到那人的鼻孔处，还有呼吸，人还活着！但是如果猎人不赶快采取行动的话，那人肯定活不了多久了。他把自己的腰带解下来，挂在脖子上，然后用刀子把那个冻僵的人的外套剥下来。几百张百元人民币钞票从那人马甲的衬里中掉出来，散落在雪地上。猎人的大脑停止了思考，其实他也没有时间思考。他把钞票拣起来，塞进那人的塑料袋里，然后用自己的腰带疯了一样地抽打那个冻僵的人。不出几分钟，那人已经是遍体鳞伤了。最后，冻僵的人睁开了眼睛，并有了意识，但是猎人还没有停下来，这时他开始抽打那人的双脚。冻僵之人打了个滚，蹒跚着站立起来，开始跑了，或者说尝试着跑起来。猎人收拾起自己的猎枪和那人的东西，像赶羊一样，一会儿向这边赶，一会儿又向那边赶，以便使那个人活动起来，尽量出汗。最后，他把那人赶进一间无人的草棚里，这里是当地的猎人在草原上过夜时使用的临时住所。那个人畏缩在墙角瑟瑟发抖，猎人生起一堆火，然后拿过其他猎人留在小屋里的一瓶烈酒猛喝了一口。他把瓶子递过去的时候，他已经认出了那个人是谁。

这个人几个月前从江苏来到草原，指望能在此发大财。他赚到的钱和赚钱工具都在那个装有两万人民币和一架海鸥相机的塑料袋子里。那人的惯用伎俩是为牧民拍摄照片，并许诺把照片邮寄给这些家庭——当然，都是要收钱的。但是他用的是个空相机，里面根本没有装胶卷。猎人和他的家人也曾经被这个人欺骗过，他发誓第二天早晨要与这个江苏人算账。然后，就进入了梦乡。

夜里，一只狼不停地嚎叫。第二天早晨，猎人发现草棚里只剩他一人了。他一把抓起枪，就去追那个人，那个让自己全家人穿上最好的衣服却又骗了其他人的人。猎人没费什么劲就发现了那人的踪迹，但是他还看到有另外一串脚印。这串脚印属于昨天那只要攻击这个江苏人但被猎人赶跑的母狼。但是狼的足迹有些奇怪：不是四个爪印，而是三个。这时他想起了昨夜的嚎叫声。母狼显然被金属夹子套住了，为了逃脱，它咬断了自己的一条腿。

猎人追上江苏人的时候，看到那只母狼正蹲在树丛后面，准备发动攻击。猎人举起猎枪瞄准母狼，但是扳机冻住了。他马上意识到，江苏人夜里溜走之前肯定往枪里撒了尿，但是现在做什么都为时已晚了。这时，那只狼看到了猎人，便放下江苏人，转而向猎人扑来。猎人急忙躲闪，但是脸还是被狼爪划破。他设法从母狼背后抓住她,像骑着一匹野马一样骑在狼身上,冲进一个雪堆中。他双手揪住狼脸,把狼的两只眼睛抠了出来,然后又打断了狼的脊梁骨。当猎人最终挣脱出来之后,江苏人又不见了,他又一次追了上去。这次他一定要杀了那个人,因为他居然往自己的枪里撒尿。

猎人知道那人逃走的方向,于是他抄近路来到那人的必经之地,藏在一棵树后等着他。等待的过程中,他把枪里最后一块冰敲了出来,并且确保枪膛里装了子弹。他没有等太久,江苏人就从林中跌跌撞撞地来到雪原上,这时猎人举起枪瞄准了他。就在这一刻,江苏人停下脚步,举起双手,大声哭喊起来。他并不是在向猎人哭喊,因为他并不知道猎人在那里。江苏人双膝跪地,哭喊着要上天发发慈悲,祈求自己能得到宽恕。他的哭声在雪原上久久回荡。猎人的报复心顿时烟消云散。雪原已经原谅了那个人。不然的话,那人如何能在不属于自己的世界里存活下来呢?猎人放下枪,转过身去,一路走回到两个人过夜的那间小屋。收拾自己的东西时,他发现了江苏人的塑料袋。他打开袋子,简直不敢相信自己的眼睛:袋子里是那人从心地淳朴的蒙古牧民那里骗来的两万块钱。原来,江苏人早把钱还了回来。猎人捡起袋子,向家中走去。此刻,阳光洒满了车窗,我们正行驶在高高的巴音布鲁克草原上。

我们是黎明之前出发的,为的是在太阳将路上的积雪变成镜面之前抵达山口。当太阳跃出地平线的时候,我们开始沿着一条小溪进入天山的一条支脉,然后客车开始爬坡。离开汽车站停车场时,我的高度计读数是两千五百米。一个小时过去了,我们来到山口时,读数已达到三千一百米。所谓的山口实际上是一条长长的隧道,真正的山口则在前面几百米的地方。从隧道出来后，司机停下来换轮胎，所有乘客鱼贯而出，一方面是解决内急的问题，同时也到警卫室（兼餐馆和车库）里暖暖手。脚趾刚刚恢复知觉，我们便蜂拥回到车上，开始了下山的路程。车子又一次沿着小溪前进，不过这次是下坡。一个小时后，我们经过一个湖泊——大龙池。晨曦中，湖中的鱼儿跃出水面，岸边长满了芦苇。景色真美！这时司机又停下来更换轮胎。我们又一次从车上下来，所有人聚在草地上拍了张集体照：照片上有维吾尔人、哈萨克人、海洛因贩子，还有几个老妇人。正是这几位老妇人在我们离开伊宁的两天旅程里不断地为我们提供苹果和羊奶奶酪，这两样实在是绝佳的快餐组合。

　　换上新车胎后，我们盘旋而下来到一个高山河谷中，在一个检查站停车吃午饭。检查站位于小溪流入平原的地带，我们这才突然发现，我们的车子正在中国最令人叫绝的美景中穿行。除了偶尔一晃而过的黄杨林，到处都是红色的荒野，看上去就像是地球的骨架最终被挖掘出来的样子。中国人将这里称作"赤沙山"。这简直就是一幅超现实主义风景画。当然，自从离开伊宁以后，我们一路的所见所闻也同样如此。一切都那么令人难忘。

天山美景

第十五章
库车：传说总是残酷的

从与哈萨克斯坦接壤的中国边境城市伊宁出发两天后,我们终于抵达库车,重新回到丝绸之路上。按照在路上跑的实际时间计算,从伊宁到巴音布鲁克的贸易站一共用了十一个小时,然后又花了九个小时才到达库车。在车上的时间加起来有二十个小时。一般情况下,人在连续乘车二十个小时后肯定要进医院接受某些治疗了。但是,毫无疑问,这是我们在中国乘坐的各种交通工具旅行中所经历的最愉快的二十个小时。一路上车辆很少,司机一次也没有鸣过喇叭。而与我们同行的全是维吾尔人和哈萨克人,他们实在是一群多姿多彩又和蔼可亲的人。沿途景色精彩壮观,最后一段经过赤沙山的风景更是如此。对诸如黄山这样的美景奇观,游客肯定要拍照留念,但是赤沙山就像是一块未开垦的处女地,我们所能做的仅仅是坐在车里,看着车窗外的壮丽景色一闪而过。

我们就这样驶进了库车,又一次回到丝绸之路的主线上,因为我们之前在吐鲁番离开了丝绸之路主线沿其支线一路探索了乌鲁木齐和伊宁。丝绸之路主线从吐鲁番向西延伸至库尔勒,然后到达库车。不知道我们没去库尔勒,是否错过了什么。朱迪·博纳维亚在她

赤沙山

关于丝绸之路的著作中，曾这样写道："除了铁门关①，这里没有值得一提的历史遗迹，而铁门关也只剩下一堆砖头而已。"我们期望在库车的发现至少要多于库尔勒的那一堆砖头。

库车是丝绸之路上最古老的城镇之一。具体有多古老，考古学家尚不能确定。公元前2世纪，汉朝开始将自己的影响力扩大至丝绸之路的时候，库车是汉朝到身毒（今印度）之间的丝绸之路上三十六个王国中最大的王国龟兹国的都城。当时其城墙长达八公里，时至今日，这里仍然有几段汉唐时期建造的城墙可供人们参观。在古老的汉代城墙内，考古学家还发现了新石器时代的遗址，但尚未断定其具体年代。但不管怎么说，三千年前已经有人在库车及其周边地区生活了，误差应该不出几百年。

具体是什么人在这里生活还有待判断。专家们一致认为，这些人应该是印欧语系早期部落居民的一支。但有一件事是肯定的，那就是库车人热爱唱歌跳舞，早期到访的汉人对此有着深刻的印象，这种印象是如此深刻，以至于库车音乐成为中国唐代最流行的音乐形式。你能想象中国音乐中假如缺少了琵琶和被称作"箫"的长笛会是什么样子吗？这两样乐器都是由库车引入中国的，与之同时引入中国的还有全新的服饰和舞蹈形式。敦煌和其他丝绸之路沿线的佛教石窟中的奏乐以及舞蹈画面绝大多数以库车的乐舞为模本，很好地呈现了当时生活在古代沙漠绿洲上的人民的世俗生活场景。

司机对我们将要换乘的驴车车夫大声吆喝，告诉车夫他跟我们

---

① 铁门关是丝绸之路上最险要的关隘、咽喉，是中国古代26座名关中地势最险峻、战略价值最重要、控制力最强悍的雄关。——编者注

库车羊肠小道

都是老朋友，不要多收我们的钱。然后，我们就乘着驴车前往我们自己的小绿洲——库车宾馆。离我们下车不远的地方有一家新开的豪华宾馆，但是库车宾馆更符合我们的步调。这里安静、朴实，而且还有餐厅；餐厅里不仅备有啤酒，还有中国最好的白兰地，才十块钱一瓶。

我们在享用第一顿热饭菜和精选的冰镇啤酒时遇上了当地外事办公室的头儿，他也是来这儿吃午餐的。一听说我们是经由巴音布鲁克高原来到库车的，他说我们触犯了中国的法律：没有通行证和向导陪同，外国人不能走这条路。我们对他提供的信息表达了谢意，并且发誓再也不会干违法的事，接着又叫了一瓶啤酒。

我们并没有在宾馆餐厅待太久。天色尚早，我们打算去库车的几个景点看看，虽然这里的景点并不多，但还是挺让人感兴趣的。我们先从离宾馆不远的一个号称"鸽子杀手"的陵墓开始吧。那人名叫莫里那·阿沙丁，他是一千三百年前来到库车的阿拉伯传教士。一天，阿沙丁杀了一只鸽子，第二天就突然倒毙。不知为何，他的弟子们却认为这是个吉兆，于是为他建了一座陵墓，他的墓穴至今还保留在库车。坟墓位于一座小清真寺旁边。因为没有任何路标，我们问了路人最终才找到地方。

库车大清真寺更容易找得到，但是要比杀手墓远一些。它位于老城的正中心，应该是新疆第二大清真寺。虽然清真寺外表宏伟壮观，但我们对村民的日常生活更感兴趣，于是我们从清真寺前走过，直接来到其后面迷宫一样的小巷子中。库车的大巴扎也值得一看，但只有周五才有，我们到库车那天并非周五，我们只能到处瞎

"鸽子杀手"墓

逛。但是除了古城墙遗迹之外，其他真没有什么好看的。于是，我们就回到宾馆，尽情享受着热水澡和一张真正意义上的床。库车也许已经辉煌不再，但仍然不失为一片绿洲。

次日早晨，我们决定再往更远处探索一番。但是我们需要自己雇车，后来发现费用相当贵。在敦煌或者吐鲁番，一辆能坐五个人的小型面包车一天的费用不到两百元。但是在库车，通过当地外事办公室斡旋才租到的一辆马上就要散架的吉普车就花了我们三百五十元。我们好像也别无选择，付了钱立刻赶往我们想看的最后一组遗址和佛教石窟。

我们这次的参观活动从游览苏巴什佛寺遗址开始。它位于库车县城西北方大约二十公里处的库车河两岸。河水是从附近的克孜尔山中流淌出来的。河的两岸相隔差不多一公里，冬天可以直接走到对岸去。我们到库车的时候是秋天，乘吉普车只能驶入一侧河岸。

苏巴什与其说是一个城市，还不如说是一个佛教中心。河两岸的遗址上散布着几十座残存的佛殿、佛塔、墓塔以及僧人坟墓。这里在12世纪遭到毁坏之前被称作"昭怙厘佛寺"。7世纪玄奘往印度取经的途中曾在此逗留过。当时玄奘曾经记载，本地平民家庭出生的男孩子，其后脑勺都会用一块木板压平。考古学家最近在苏巴什发掘出一座公元4世纪的古墓，结果发现墓主人的颅骨正是如此。不幸的是，该墓及库车其他古墓中的出土物不再对外展出。城中的博物馆已经无限期关闭，原因是某些展品莫名其妙地失踪，然后出现在国外博物馆的展柜和私人收藏品中。

虽然很多展品遗失了，但当年苏巴什的昭怙厘佛寺肯定是个不

库车大清真寺

苏巴什遗址 1

苏巴什遗址 2

同凡响的地方，尤其是 4 世纪下半叶库车最著名的人物——鸠摩罗什在这里生活的时候。早些时候我们在武威和敦煌曾经遇见过这位最伟大的佛教翻译家。走在废墟之上，我们不禁感叹，我们正踏着两位最伟大的佛经翻译家（玄奘和鸠摩罗什）的足迹前行。

鸠摩罗什的母亲是龟兹国（今库车）国王的妹妹，名叫耆婆。美丽又聪明的她拒绝了所有的求婚者。一天，一位来自罽宾[①]的年轻的佛僧鸠摩罗炎偶然来到龟兹。看到他的第一眼，耆婆就知道找到了自己的梦中情人，便要求哥哥为自己主婚。国王很高兴自己的妹妹最终找到了意中人，便强行命令鸠摩罗炎破戒后与耆婆结婚，次年耆婆即诞下儿子鸠摩罗什。

苏巴什的古城墙是丝绸之路上除吐鲁番郊外的高昌故城和交河故城之外最壮观的遗址，也是人们最容易接近的地方，但我们还是需要乘吉普车才能到达这里。既然我们租了一整天的车，我们便接着往前开。离开苏巴什，我们的下一站是位于库车县城西北的一座孤寂的烽火台，从台上可以俯瞰另外一条河。与库车河不同，这条河是一条干涸的、由结晶盐形成的河流。暴雨将附近山中的结晶盐冲刷下来，带到了河床中。烽火台建于 3 世纪，目的是扼守通往山中的路，也就是我们头一天进城走的那条路。烽火台有十五米高，支撑顶部瞭望台的木柱子仍在原地。土墙脚下的一个牌子上标有此处的名字——克孜尔尕哈土塔。维吾尔语中，"克孜尔尕哈"有"女儿不要死"之意。

[①] 罽宾，古代西域国名，其具体地理位置史学界尚无定论。西汉至晋初时称"犍陀罗"。——编者注

克孜尔尕哈土塔

传说，曾经有一位暴君统治库车地区，他十分宠爱自己的女儿。有一天，一个巫师告诉国王，如果他的女儿在百日内与人类有任何接触，她就会死去。为了避祸，国王让公主搬到这个烽火台里居住，每天的食物和水都用滑轮吊上去。到了第九十九天，国王为女儿送了一个苹果，这是她最喜欢吃的水果。但咬苹果的时候，一只蝎子从苹果中爬出来，狠狠地蜇了她，公主当场毙命。悲痛欲绝的国王匍匐在烽火台下，大声哭喊着："女儿不要死。"他从中也悟到：不管一个人有多大的权势，悲剧随时可能降临到自己头上。自此以后，当地人就管这个地方叫作"女儿不要死烽火台"。

看完烽火台，我们继续前进，计划到一度使库车在艺术方面与敦煌齐名的佛教石窟探索一番。第一组石窟并不远，位于库车咸水沟干涸河床对面的一组崖壁之间，它们被称为"克孜喀拉罕石窟"，共有四十多个洞窟。管理人员接待了我们，并为我们一个一个地打开了钢制的大门。我不知道当局花费巨资建造钢门的原因，因为这里可看的东西并不多，只有几片斑驳的绘画，偶尔可见几尊眼睛被凿掉的佛像。

我们又晚到了一个世纪。这次又是德国的考古学家冯·勒柯克抢先把这里的壁画偷走运到柏林。对此，一位失落的俄罗斯人将同样的失望情绪写在一个石窟里光秃秃的墙面上。我们无法读懂他所写的内容，但落款日期是1939年11月6日，正是第二次世界大战开始后不久。

我们回到吉普车上沿西北方向继续往前开，一个小时后到达一组坐落于悬崖峭壁之上的佛教石窟——克孜尔千佛洞。"克孜尔"在维吾尔语中的意思是"红色",因横亘于库车与高原之间的山脉而得名。停好车之后,我们在看管员那里办理了登记手续,然后沿着新建的钢质阶梯往上走,去上面参观那几十个幸存的洞窟。冯·勒柯克没有把佛洞中的宝藏席卷一空,其中有一些洞窟因当时山体滑坡而被掩盖起来。实际上,他在此逗留期间曾经两次差点被砸成肉酱。时至今日,到这里的游客还会被提醒注意落石。

沿阶梯向上攀行的过程中,向导告诉我们说,直到最近这里才有汽车到来,以前丝绸之路上的旅行者更喜欢沿河而行,这也是僧人们选择在克孜尔河边上的悬崖峭壁上凿洞的原因:有人来此施舍供佛,有人来此祈祷一路平安。克孜尔河从洞窟前面流过以后在不远处就并入库车河,然后先是向东继而向南在克孜尔山脉中穿行,最后汇入塔里木河,沿着塔克拉玛干沙漠北缘继续向东,最终消失在罗布泊沙漠之中。假如旅行者选择在这些河流的盛水期出行,抵达敦煌之前他们在一周之内都有水可用。一旦过了敦煌,河西走廊中的供水就相对稳定了。

等我们的注意力由河水转回到洞窟的时候,向导提醒我们说,自从政府接管后,已经发掘出两百多个洞窟,其中三分之一的洞窟中仍有精彩程度不一的壁画被保留下来。库车地区有整个丝绸之路上最好的艺术家,较之中原的石窟艺术风格,他们的作品更多地受到大夏国以及印度西北诸王国希腊艺术的影响。

我们进入的第一个洞窟里搭满了脚手架,一个学艺术的中国学生正躺在上面临摹洞顶上的壁画。他临摹的画面表现的主题是佛陀在某一次转生遭遇一只饥饿母虎的故事。这是丝绸之路艺术家最喜欢描绘的场景之一。故事的主人公是一位名叫摩诃萨埵的印度王子，有一天，他与两位哥哥摩诃提婆、摩诃波罗在皇家园林中散步时碰上一只刚刚生下虎仔的母虎。仔细观察后，三个王子一致认为，母虎身体太虚弱，无法继续外出狩猎，为免饿死，不久后它肯定会吃掉自己的幼崽。

摩诃萨埵想得更深。他自己站在一边暗自琢磨：一直以来我都在服侍自己的这身皮囊，而它注定是要坏掉的。如果按照自己的意愿从纷乱的凡人世界摆脱出来，同时让自己永葆青春，那该有多好啊！身体不会永久存在的。今天，我要让它有个更庄严的归宿，让它像船一样载我渡过生死之海，到达神圣极乐世界的彼岸。

想到这里，摩诃萨埵让他的两个哥哥先走，自己要和母虎单独待一会儿。然后，他脱掉身上的衣服，躺在了母虎面前。但是母虎没有动，它太虚弱了。但是摩诃萨埵不想这样轻易地被拒绝，他站起来走开了，几分钟后又回到母虎面前，手里拿着一只尖利的竹子。他重新躺到母虎面前，用竹子刺穿自己的喉咙，血涌如注的场面刺激了母虎，它开始采取行动，吃掉了摩诃萨埵，也就是佛陀的前生之身。

一直以来，这个故事以语言或艺术的形式被无数次地重新讲述。同时，它也不断地提醒着信徒们：慈悲心是最伟大的美德；奉献越多，得到的就越多。

在一个小时的游览过程中，向导带我们参观了几十个洞窟，但她告诉我们"其实最好的壁画在山的后面"。遗憾的是，只有专家或付得起大价钱的游客才被允许到那里参观。那些洞窟当年因为滑坡而免遭洋鬼子艺术收藏家的洗劫，静静地埋藏了数个世纪，直到最近才被重新发现。

对于像我俩这样的普通游客，景区只开放有限的几个洞窟，芬恩和我对此耿耿于怀，但是我们最终还是没舍得掏钱。接下来我们把注意力转向下面的小河，河水在峡谷中流过，将石窟群分为东西两区。我们沿着小河走了不到一公里，便来到千泪泉，并在这里听到一则与石窟来历有关的故事。

传说，库车的某位国王有一位女儿，即美丽的昭尔罕公主。有一天，昭尔罕遇到一位英俊的石匠，两人坠入爱河，石匠要求国王把公主嫁给他。但是国王不愿意把可爱的女儿嫁给一个普通的石匠。于是国王提出要求："既然你是石匠，就为我在峡谷中的悬崖峭壁上开凿一千座石窟吧。只有开凿完毕，我才同意这桩婚事。"石匠立即投入工作。但这是一件不可能完成的任务啊。三年过去了，公主来到峡谷，只见到了石匠干枯的尸体，她的眼泪顺着悬崖上情人凿好的山洞流下来，一直流到今天。

这真是一个令人伤心的爱情故事。我们也很伤心，伤心的是没有看到更多的东西。我们向导游表达了谢意，然后回到了库车，感觉该看的东西都看过了。当时刚过中午，但我们不想在库车再待一个晚上，于是决定立刻赶往阿克苏。

峡谷中的克孜尔河

第十六章

阿克苏：沙漠玉石胡旋舞

从宾馆取回行李，我们要求吉普车司机把我们送到库车汽车站。事不凑巧，下一趟开往阿克苏的客车四个小时后才发车。但是，库车毕竟位于丝绸之路上。我们不打算在汽车站内久等，便走出车站来到穿过城中心的大路上。这里有很多从其他地方出发途经库车的大巴车。一小时后，我们坐上了其中的一辆，车上竟然还有空座。当然，有空座并不意味着旅程快捷。这辆车就因为交通事故耽搁了一小时，然后又拐到岔路上开了半小时到加油站把油箱加满，以确保我们能跑到阿克苏。

本来四个小时的车程，我们却在路上煎熬了六个小时，等我们最终到达阿克苏市区的时候已是傍晚时分。阿克苏是丝绸之路上最奇怪的城市之一，它的城市定位很有问题。显然，当局很想把阿克苏打造成另一个洛杉矶，已经开始把一些主要服务延伸进周围的沙漠地带，期望这个城市不久便会欣欣向荣。

我们的第一站是位于城市东郊的友谊商店。商店很新，价格标得高高的，绝对是为旅游团队开的。我们来阿克苏并不是因为这里有多少好看的地方，只是因为这里处于库车和喀什之间，方便我们过夜而已。我们很快就撤退到市中心,在老旧的阿克苏旅馆找到了价格更为适中的住所。安顿好之后,我们来到街对面的一家穆斯林餐馆吃晚饭,也就是在这儿,我们吃到了世界上最好吃的烧烤肉。所谓的烧烤肉,就是切得很薄的牛肉,先拿到架子上烤过,然后再下锅油炸。说了你可能不信,我们竟然在街边的阿克苏百货商店里买到了詹姆森牌的爱尔兰威士忌。有酒有肉,看来在丝绸之路上,阿克苏还真算不上最差的。

但是,除了享受了一顿不错的晚餐和一瓶威士忌之外,我们在阿克苏还真没有什么可做的。当然,倒是可以参加一次短途旅行,但那需要时间——这个我们没有;而且也需要钱——这个我们也没有;还需要胆量——这个我们还是没有。时间:三到四天;费用:包出租车一天要六十美元,车辆等候的那天也要算进去;胆量:攀登阿克苏以北一百公里外的天山山脉最高峰——托木尔峰。

托木尔峰高七千四百多米,似乎伸手可以摸得到天。要在地球上找到更高的地方,只能去攀登喜马拉雅山了。直到1977年,托木尔主峰才被人类征服,当时由刘大义率领的中国国家登山队最终成功登顶。三年之后,中国政府在此建立了自然保护区,将主峰和周围一千平方公里的地方(包括几个冰川)划入保护区范围。当然,没有路通到峰顶,但出租车可以把人带到一个人们可以在两天之内登上一座很高的山峰的地方,那可是令人终生难忘的旅行。不过,我们只想在此过夜而已。

很久以前,阿克苏一度是被称为"跋禄迦"的西域王国——姑墨的都城,王国的居民均属于印欧语族。但那都是太久之前的事了。

中央政府的代表到达阿克苏的时间最早可以上溯至公元前2世纪，但是直到公元1世纪的时候，他们的影响力才扩展至沙漠绿洲以及周围的王国。千百年来，汉人一直生活在这个地区，但并不总是处于优势。当地居民时而给他们送些吃的，时而以不怎么和平的方式对他们以前犯下的过失进行报复。但是，贸易的诱惑总是令汉人去而复返。过去的几十年里，阿克苏成为丝绸之路上汉人最多的城市，大约有十五万汉人生活在这里。事实上，在丝绸之路经过喀什蜿蜒进入乌兹别克斯坦、阿富汗和巴基斯坦之前，阿克苏是丝绸之路上最后一个主要的汉人聚居中心。

不管怎么说，我们不想在这种地方多待一分钟，于是我们按照日程首先买了出城的票。我们原本想乘飞机飞越塔克拉玛干沙漠到丝绸之路南线，但听说一周只有一两班飞机，况且我们来的日子也不凑巧。

塔克拉玛干沙漠是地球上除了南极洲和亚洲的一些出口加工区之外最令人生畏的地方之一。即使在现代，这个沙漠也曾吞噬过整个商队。20世纪50年代，曾有一个西方的旅游团队沿塔克拉玛干沙漠边缘旅行，其沿途随处可见先前旅行者的累累白骨。而那些尸骨，很可能是因为缺水或者迷失方向而丧生的游人。在海洋上航行，你可以错过离你最近的那一块陆地，但是在沙漠里，你不能错过任何一个绿洲。

塔克拉玛干占地33.5万平方公里，是世界上仅次于撒哈拉沙漠的第二大沙漠。看新疆地图，你会发现有一条从和田穿过沙漠一直向北到阿克苏的虚线。这条虚线并不是路，而是和田河。这条河以

塔克拉玛干沙漠

及它的支流，发源于青藏高原北缘的昆仑山。某些年份的夏季，融化的雪水充满河道，河水可以一路流经塔克拉玛干沙漠，在阿克苏南面与其他几条河流汇合成为塔里木河。古时候，和田河干涸时的河床是唯一一条人们有把握通过塔克拉玛干的道路，如果你有幸找到这条路的话。

夏天，河水将昆仑山中的玉石冲到河里，所以这条河源源不断地为人们提供着玉石。和田将本地出产的上等玉石大多输送到了内陆，直到现在还是这样。在中华文明的早期，只有来自和田的玉石才被称作"玉"。中国人称之为"关外玉"，以别于中国其他地方出产的玉石。而绝大多数从中国古墓中出土的玉，其源头都可以追溯到丝路古国——于阗。

这就引出了一系列有趣的问题：为什么早期的中国人那么看重来自远方的这种矿石？他们又为什么在来自远方的种种矿石中对玉石情有独钟呢？诸多答案中，有一种认为和田与中华文明的起源存在着某种联系。

"和田"是古代于阗国的现代名称。千百年来，于阗曾经是丝绸之路上最富饶的王国之一。有历史学家猜测古代于阗与中国的关系时，甚至认为古代于阗的居民可能与中国人的祖先有某种关联。但在目前的政府取得政权之后的几十年里，中国的历史学家不愿意对这种关系追根溯源，因为这可能与"中国文化是独立兴起和繁荣的"这种主流观点有冲突。但"文革"结束后，中国的考古学家开始在丝绸之路上陆续有了震惊世人的发现。这些发现说明：很早之前，就有来自欧洲的思想和技术传入中国。

1984年，在和田以东作业的考古学家发掘了一系列两千五百年前的古墓，古墓中的出土文物包括雕刻品、陶器以及织物。文物上的图案全是历史上鼎鼎有名的英雄如希腊神话中的雅典娜、大力神赫拉克勒斯以及半人半马的射手形象。考古学家通过进一步的研究证明：这些古墓属于两千五百年前统治小亚细亚大部地区的斯基泰人。不幸的是，两千五百年离上下五千年的中华文明的发端还有一半的距离。

但不管怎样，古代丝绸之路上的旅行者到达敦煌绿洲的时候，他们要做出选择：走北线——经过哈密和吐鲁番，还是走南线——经过于阗？根据政治形势，南线是多数前往印度的旅行者的首选，因为于阗与印度次大陆的文化始终保持着紧密的联系。唐朝僧人玄奘从天竺(今印度)取经返回经过这里时记录下了有关于阗建国的故事。

公元前3世纪，在阿育王统治印度孔雀王朝的时候，他在妻子去世后娶了一位热情似火的年轻女子为妻，而新王后却喜欢上了他的儿子，也就是王储。因为王储皮肤的颜色像日落时的恒河一样，浓密的头发像虎豹盘踞的丛林一样黝黑，身体如宫廷院子里的榕树一样健硕挺拔。但是，王储对继母的引诱无动于衷，于是继母恼羞成怒，在王储贴身侍臣的帮助下，她诬告王储造反，并把他的眼睛挖出来，最后将他放逐到拉贾斯坦的沙漠中。这种不义之举惹怒了诸神，不到一年的时间，诸神在王后的葬礼上手舞足蹈地庆祝王储洗雪冤屈。阿育王最终得知儿子的真实遭遇后，把王储以前的侍臣及其家人统统放逐到喜马拉雅山以北的地方。翻过青藏高原后，这些人在和田河附近的平原上安顿下来，并建立了于阗国。

这就是他们的后代告诉玄奘的故事。也就是说，先到此地的是斯基泰人，然后是印度人。但不管怎么说，谁统治了于阗，谁就控制了玉石的交易；而在官方联系建立之前，中国人就已经对于阗有所了解。于阗国人民是一群爱美的人，中国历史记载中最早提及这个遥远的丝路国度时，就提到了胡旋舞。

当于阗商人将胡旋舞与玉石一起带到长安时，时为宠妃的戚夫人似乎很快就习熟了这种舞蹈。结果如汉史记载，戚夫人将这种舞蹈跳给皇帝看，汉高祖刘邦极度兴奋。之后，事情一件接一件地发生，先是戚夫人不久为皇帝生了个儿子，然后她要求皇帝立自己的儿子为新储君，取代吕皇后的儿子。这绝对是天大的错误。皇后姓吕，等皇帝一死，吕后就控制了朝政。她做的第一件事就是除掉戚夫人的儿子，将其毒死；然后，将戚夫人手脚砍断，剜掉双眼，弃于厕所中。吕后可不是好惹的女人，她对胡旋舞当然也没有什么好感。但是不管她喜欢与否，两千二百年前，在中国历史记载中首次提及于阗时就提到了胡旋舞。

由于气候不断变化，于阗的疆域一直没有固定下来，而随着水源的迁移，国都也在不停地搬迁。到和田参观的人，至今仍可以看到至少两处于阗旧都遗址。一个是约特干，位于和田以西十公里；另外一个是买利克阿瓦提，位于和田以南二十五公里，在去往机场的途中。目前，历史学家一致认为：从公元前3世纪到公元10世纪伊斯兰教传入此地，买利克阿瓦提一直是这个王国的国都，而同时期的约特干只是次等重要的城市。两处遗址都值得一看，但是外国人需要到和田外事办公室申请通行证才能前往。

如果你渴望体验真正的丝绸之路，你完全可以为自己单独安排一次短途旅行，前往其他一些遗址，比如丹丹乌里克。它位于和田东北塔克拉玛干沙漠深处。据以前到过此处的人讲，骑骆驼前往丹丹乌里克路上要花费十一天的时间。奥莱尔·斯坦因正是在丹丹乌里克首次获得了重大发现之后，他才开始了对一系列中亚遗失古城的匆忙发掘。

这些一度辉煌的城市为什么最后被历史遗弃了？事实上，不断抬升的青藏高原阻断了印度洋季风带到中亚地区的降水，结果高原北部的降雪越来越少，而北部形成的盆地也越来越干旱。河水流到丹丹乌里克就干涸了，盆地变成沙漠，生命变得如镜花水月般脆弱。

1900年奥莱尔·斯坦因发现这处遗址的时候，当地的寻宝人已经抢先挖走了遗址中可能遗存的金银珠宝一类的东西。但是经过细致发掘，他仍然发现了一百五十多件壁画和雕塑，以及数不清的钱币和日用品。斯坦因很走运，他发现的第一件东西是一幅画在木板上的画。画中描绘了一个女身鼠首的形象。鼠首上戴着宝石王冠。老鼠的两侧站着两个侍从。这就是鼠王的画像，因此斯坦因判断丹丹乌里克以前属于于阗王国。

玄奘7世纪抵达于阗国都时，连续翻越了城西的几座小山，他问这些是什么山。当地人告诉他，这些山是城里的神鼠挖洞形成的。这些老鼠由于阗人供养保护，因为它们曾经拯救过于阗国免遭匈奴大军的入侵。

事情似乎是这样的：当匈奴在于阗城墙外安营扎寨时，鼠王率领随从爬出地洞，吃光了匈奴的皮革马具和盔甲。匈奴次日清晨醒来时以为撞见了鬼,吓得落荒而逃。就这样,于阗国里的每个寺庙中都供奉着鼠王,甚至包括于阗东北部塔克拉玛干沙漠中央丹丹乌里克的一些寺庙。

  但是我和芬恩只能借助想象力参观一下这个古老遗址。我们在宾馆交谈过的人中没有一个知道每周一两次飞往和田的航班何时从阿克苏起飞。而第二天上午,我们给机场办公室打电话时,也不知道那里有没有人值班,反正电话没人接。估计没几个人有兴趣飞往和田,也就没有必要售票了。我们别无选择,只能乘下一趟长途汽车继续西行。

第十七章

喀什：神秘的香妃故里

我们花了一整天的时间，也就是在离开阿克苏八小时后才抵达喀什，这是我们在中国境内的丝绸之路上能走到的最远的地方了。

历史记载中最早提到喀什的是波斯作家，在他们的记录中，喀什曾经是被某游牧民族联盟作为贸易中心的一个城市。自此，这个城市的命运随着不同的游牧民族与中国的争夺而起伏跌宕。但由于连接东西方三大要道中有两条经过喀什，所以，它最终总是能回归繁荣。我们抵达时正是其繁盛时期，尤其是当中国与各国之间的边境紧张局势缓和之后。

各个巴扎上都挤满了来自边境双方的人群和商品。我们在酒店登记入住后急忙赶往酒店附近的巴扎闲逛。我买了一块来自乌兹别克斯坦东部传奇城市——撒马尔罕的小地毯。商贩说如果我加点钱，他就告诉我怎么让毯子飞起来。可惜他只是在开玩笑。我把准备从口袋里掏出来的钱又放了回去。喀什充满了神秘与失望。

另一个神秘与失望就是"这个地方如何与外界保持联系呢？"我们在喀什期间共造访了城里的四个大酒店，他们都自称提供国际电话服务，但实际上没一个能做到。当决定入住哪家酒店时，我们

赶着驴车逛大巴扎

最终选择了其尼巴格。这里曾经是英国大使的住所，后来屡次改作他用，最近一次才改造成了酒店，大多数来城里的巴基斯坦人都住在这儿。翻修过的酒店大堂里甚至还有个酒吧，专门为西方客人提供冰啤，给巴基斯坦人提供柠檬水。

巴基斯坦是我们的最终目的地，大多数走喀喇昆仑公路、穿过红其拉甫哨口的大巴车都从这里出发，这也是我们入住其尼巴格宾馆的原因。不幸的是，当我们从丝绸之路的东端一路跋涉赶到这里之前，夏季暴雨冲垮了巴基斯坦境内的几个路段，其中一些路段被山石掩埋。没有人知道喀喇昆仑公路何时才能重新通车。这意味着我们也许不得不从乌鲁木齐直接飞回家。

我们一边等待着公路通车的消息，一边开始了对喀什的探索。第二天上午我们出发去位于老城中心的艾提尕尔清真寺。

清真寺建于1442年，原址是一片古墓地。艾提尕尔清真寺是新疆最大的清真寺，也是全国最大的。每逢周五有上万人来这里做礼拜，其中很多人来自远处的农村，周末他们就在城里住两天，以便参加喀什著名的星期日大巴扎。

喀什的与众不同之处在于：它既是佛教、又是伊斯兰教进入中国的门户。佛教和伊斯兰教分别于公元前1世纪和公元7世纪传入中国。伊斯兰教成功的部分原因是，它传递了四海皆兄弟的教义，首次把阿拉伯人团结在一起，并掀起了传教狂潮。

有位喀什噶尔国王名为萨图克·布格拉汗（Satuk Bughra Khan），传说有一天他外出打猎，看见一只兔子奔入一堆灌木丛中，当他走近树丛时，兔子变身为一个男人。这个"幽灵"对萨图克的佛教信

艾提尕尔清真寺

仰进行了质疑，并说服他相信如果继续信奉佛教只会下地狱，而尊奉穆罕默德的教导才能升入天堂。

萨图克不会花时间考虑这种选择带来的后果，尤其当这个"幽灵"向他解释说，穆罕默德所保证的天堂里鸟语花香，有数不清的美酒和美女。萨图克立刻皈信了伊斯兰教，不久之后他便发动了一系列战争，丝绸之路地区的佛教遭受沉重打击，并从此一蹶不振。

萨图克死于955年，葬在喀什北面四十公里处的阿图什城外。原墓是丝绸之路上的一颗璀璨的伊斯兰建筑明珠，后毁于地震，据说新修的坟墓远没有以前的壮观。所以，我们决定去其他地方看看。

萨图克并非唯一一位在伊斯兰世界享有盛誉的喀什地区统治者。参观过本省乃至中国最大的清真寺后，我们雇了一辆出租车，出城向东行驶三公里来到阿巴克霍加的家族陵墓。对于穆斯林来说，这里是全新疆最神圣的地方。对于非教徒来说，这里也值得一看，哪怕只是因为其别样的建筑风格。穿过镶嵌着蓝白琉璃瓦的大门，我们仿佛突然回到了明朝，进入了伊斯兰白山和黑山教派之间为争夺喀什人民的灵魂而进行的战争。

自从墓主阿巴克霍加1694年去世后，他的遗骨就一直被埋葬在这里。但是陵墓里也安葬着家族其他成员的遗骨，包括阿巴克的父亲玉素甫霍加。四百年前，棕榈树围绕的喀什噶尔绿洲由被称为"霍加"的圣人世袭统治。有一位霍加有十三个儿子，但他还没来得及指定继承人就去世了。这个疏忽导致了关于喀什噶尔的宗教和政治领袖继承权之间的争夺大战。儿子们分为两派，他们似乎在打一场板球比赛。但是比赛不久就失控了，兄弟之间开始互相残杀，由此开创了新疆伊斯兰教两大教派争夺各自的信众的历史。

在不断的争斗中，喀什噶尔的领导权移交给了其中一个刚从伊斯兰圣地朝拜回来不久的子嗣，即玉素甫。他大力提倡清心修行，以他为首领的那一派俗称"白帽回"，另一派则被称为"黑帽回"。随着时间的推移，这两派也逐渐被称为"白山派"和"黑山派"，看看教徒的帽子就知道他属于哪个教派了。不幸的是，有一天，一黑帽回成员戴上白帽设法接近玉素甫，并把刀子捅进其心脏。玉素甫从此就长眠在眼前这座最漂亮的陵墓中。

玉素甫死后，他的大儿子阿巴克继任，阿巴克成为喀什噶尔最著名的霍加，即宗教和政治领袖。在他漫长的生涯中，阿巴克有几十年都在云游四方传教，还做了几十年的国王，统治着包括新疆西半部的王国。他的追随者曾一度达到三十万人，在其统治期间，城里的居民如果不归顺白山派就要被处死。和他的父亲玉素甫一样，阿巴克也被一个黑山派教徒刺杀，死后被埋在他为父亲所建的陵墓中。

在中国的白山派穆斯林中，阿巴克霍加受到的尊崇几乎等同于穆罕默德，他们认为朝拜阿巴克霍加及其父亲的陵墓的重要性仅次于麦加朝圣。据说陵墓中还埋葬着阿巴克霍加其他亲戚的遗骨，比如他的孙女伊帕尔汗。

伊帕尔汗就是传说中的"香妃"，据说她一生下来身上就有一股枣花香气。伊帕尔汗还是个少女时就被送到了北京，在那里侍奉乾隆皇帝达二十五年之久。死后，她的遗体由大部队护送，花了三年时间才运回喀什噶尔。但是，有历史学家说，她就埋在北京近郊，运回喀什噶尔埋葬的只是她的衣物。具有讽刺意味的是，她的名气如此之大，以至于现在许多人忽略了阿巴克霍加埋葬在此的事实，反而把陵墓称为"香妃墓"。

参观了香妃及其祖父、曾祖父的陵墓后，我们曾打算再去参观另一个陵墓——麻赫穆德·喀什噶里墓。虽然他的名字翻译过来就是喀什噶尔的穆罕默德，但他出生在喀什西边四十五公里外的乌帕尔，直到 11 世纪初其父继承了喀喇汗王朝才来到喀什噶尔。1058 年，因其父在宫廷事变中遇难，他被迫外出流浪。

在外流浪的十几年中，他接触到喀什噶尔西北方向讲突厥语的各部落的语言、民间文学和风土人情，并收集了大量资料。最后，他来到伊斯兰世界主要的学术中心——巴格达。他在那里待了三年，用阿拉伯文编纂出世界第一部、也是唯一一部《突厥语大词典》，为后世研究中亚语言及历史提供了极大的方便。

在失传了好几百年后，喀什噶里的这一巨著于 20 世纪初在土耳其被发现，现为伊斯坦布尔国家博物馆的珍贵馆藏之一；喀什噶里的遗骨则成为喀什西部其故乡的珍贵财富。但是我们最后决定不去这里了，而是去另一座离喀什较近的陵墓。

这最后一个陵墓的主人名叫玉素甫·哈吉·哈吉甫。哈吉·哈吉甫在他很小的时候就来到喀什噶尔，并在这里度过了大半生。他在皇家经文学院求学期间就已经对诗歌产生了浓厚的兴趣，后来他在五十多岁时创作了叙事长诗《福乐智慧》。他在诗中借四个虚构人物"日出""满月""贤明"和"觉醒"之口赞美了福乐智慧是构成美好生活的必要成分。诗歌长达一万三千多行，不知道君主当时如何稳坐聆听完整首诗歌的。但君主做到了，并且当哈吉·哈吉甫读完长诗后，君主深受触动，赐予哈吉·哈吉甫皇室地位。从此，他的诗歌也在伊斯兰世界广为流传。诗歌是用古维吾尔文写成的，维也纳博物馆中就保存着一本1439年的抄本。

和新疆其他伊斯兰建筑一样，哈吉·哈吉甫的陵墓毁于"文革"期间，后来才得以重建。我们到达后发现：陵墓被一个玫瑰花园环绕，完好如初。一面墓墙上刻着汉译的哈吉·哈吉甫长诗。读了几节后，我发现奥马尔·哈亚姆①也读过此诗。奥马尔·哈亚姆于1123年去世，晚于哈吉·哈吉甫几十年，他在其著名的诗集《柔巴依》中表达了同样的情怀：

> 今朝有酒今朝醉，
> 莫待躯壳化尘土。
> 尘土复归于尘土，
> 长眠于尘土之下。
> 无酒无歌无歌者，
> 永无尽头。

我不太确定那些非常自律、只喝柠檬水的伊斯兰教徒如何看待享乐，但是喀什的维吾尔人仍然乐于引用哈吉·哈吉甫《福乐智慧》中的一两句诗，为他们在通往天堂的笔直、狭窄的道路上偶尔偏离一下方向找到一些理由。不过，我们并未在哈吉·哈吉甫的墓前逗留

---

① 奥马尔·哈亚姆，波斯古代著名诗人。——译者注

麻赫穆德·喀什噶里墓

哈吉·哈吉甫墓

太久。哈吉·哈吉甫的墓地位于喀什的东郊，我们决定继续向东北方向行进，以便进入塔克拉玛干沙漠边缘那贫瘠的丘陵地带。

一路上吃了三十公里的沙尘，我们终于来到了位于荒野中的一个叫"汉诺依"的地方，这里有另一个宗教的追随者遗留下的废墟。在9世纪伊斯兰教的"清净之剑"开始清除丝绸之路上的异教徒之前，丝绸之路沿线的居民大多信仰佛教。他们在汉诺依绿洲遗留下了一个奇特的信仰纪念之碑。实际上，这是佛教曾经在喀什地区活跃兴盛的唯一证据。

其实，喀什噶尔是丝绸之路中国境内最先信奉佛教的地方，在公元2世纪就已经开始了。不久佛教便在此蓬勃发展。4～5世纪时，经此地前往印度的中国佛教徒都曾记述他们在喀什噶尔地区见到成千上万的僧人和几十座庙宇。但是，自9世纪起，伊斯兰教消灭了所有"八正道"[①]的痕迹。显然，废弃的汉诺依绿洲仍然屹立着佛塔的原因是，它们离喀什太远，不值得"破坏分子"费那么大力气。但它们确实值得当今的游客大老远来此一趟，即使仅仅因为此处两座幸存的佛塔中有一座是在中国其他地方都不曾见到的佛教建筑。塔的外形太像雄性生殖器了。汉诺依的佛塔是早期佛塔的代表作之一：光滑的塔身，圆形的大顶。看上去基本就像个阳物。

英文"stupa"（佛塔）这个词来源于梵文词根"stup"，意为"堆叠"。最初，这个词在印度用于指代埋葬火化后遗骨的土堆。对于佛教徒而言，佛塔的意义类似于基督教的十字架。起初，佛教徒并未

---

① 八正道，即佛教弟子修行的八种正确方法和途径。——译者注

创造佛陀的形象，他们只是建造佛塔，并在佛塔中放置佛陀的骨灰或舍利，抑或是一本佛经。汉诺依的佛塔有一面被人挖了一个大洞，也许是有人想在佛塔中寻找金银财宝或者久已失传的古老抄本。

我们没待太久，狂风不时卷起沙尘打在脸上，我们决定返回喀什逛逛大巴扎。喀什的星期日巴扎是中国最有名的大集，而且喀什的这一古老大集甚至可以追溯到公元前2世纪。通过世界地图你会发现，喀什位于中国中部平原和地中海东部沿岸的正中间，距两边各有三千五百公里。古时候，没有多少商人把货物一路经过丝绸之路送达西域甚至更远的中亚、西亚。大部分人只走其中比较安全的一段路程，在半路上就把货物卖掉或交换，然后返回家乡。由于地处丝绸发源地（中国中部平原）及其最大市场（地中海）的中间地带，喀什成为大多数商人丝绸之路行程的终点。尽管20世纪的交通方式已经发生了巨大变化，喀什的巴扎仍然红红火火。

实际上，喀什城里其他地方在其他日子也有几个巴扎，而星期日巴扎设在城东。巴扎上有六大区域，每个区又划分为二十个分区，每个区提供不同种类的货物，诸如帽子、靴子、刀子、铜锅、棉花或丝绸，甚至还有专卖动物饲料或动物的分区。

当地官员说每个星期日巴扎一般能吸引五万人，有时甚至多达十万之众。和其他的巴扎一样，商品价格并非刻在石头上，而是可以跟卖方讨价还价，而且临近散市时价格更为优惠。我俩花了近两个小时，在货摊中间转来转去，各自买了一些礼品，其中最难忘的当属产自英吉沙县的英吉沙小刀和维吾尔人称为"月光"的彩色丝绸。刀子上镶着彩色玻璃，钢刃在午后的阳光下熠熠闪光。那极其轻薄的丝绸简直让人无法抗。之所以购买刀子和丝绸，是因为我们觉得它们在背包里占不了多大空间。这也提醒了我们，该考虑下一个目的地以及如何去那儿的问题了。

于是我们返回其尼巴格酒店的大堂，并在这里滋润干渴冒烟的喉咙，筛查过往宾客的闲言碎语，这可是喀什最古老、最流行的消遣方式。我们在中国一路西行，已经来到了丝绸之路中国段的最西端，渴望听到有关前往最后一站目的地——伊斯兰堡的相关信息。喀喇昆仑公路这条唯一通往伊斯兰堡的道路因为滑坡已经一个多月不通了，而喀什到伊斯兰堡也没有飞行航班。

喀什是新疆著名的商人之城，尤其是巴基斯坦商人。其尼巴格是大多数巴基斯坦商人下榻的地方，因为包租的大巴就从其尼巴格出发，把他们及其货物运送回家。滑坡导致通往巴基斯坦的唯一公路中断，对他们来说是一场灾难。许多人不得不把他们在喀什买到的东西出售，以此来支付自己在其尼巴格的食宿。

当天吃晚饭时，一个坐在我们旁边桌子的巴基斯坦人说，他们的政府计划包几架波音747飞机把他和其他同胞接回国，但他不知道会在什么时候。另一个巴基斯坦人劝告同胞说，要耐心，再过几天公路就修通了。但是酒店的一个巴基斯坦旅游经销商则称公路仍然很危险，前几天一个企图穿越滑坡地带的美国女孩不幸丧命，中国官方已下达禁行通知，公路几个月之内不会开通。

巴基斯坦人继续聊着他们的买卖——事实上他们也没有其他事可做，而我们吃过晚饭后便回到房间，决定不能和巴基斯坦人一样再这样干等下去了。如果我们无法抵达伊斯兰堡，那我们就原路返回。

大巴扎上的卖鸟老人

就这么定了。但是我们不着急，一觉睡到早晨，很晚才起床，也没吃早饭，只在大堂里喝了几杯啤酒。我们满心希望能听到一些好消息，但事与愿违。于是我们去买经乌鲁木齐回西安的机票。可是，当我们来到当地的航空售票处时，大门紧闭。当时不过才11点钟，门口的牌子写着：午餐时间，暂停营业。我们决定等一会儿，便走到树荫下，那里坐着另一个外国人。他说他是澳大利亚人。和我们一样，他也等着买去乌鲁木齐的机票，免遭三天长途汽车旅行的痛苦。但是，和我们不一样的是，他不是从乌鲁木齐来。他说他刚刚从伊斯兰堡来到这里。

什么？伊斯兰堡？难道公路还能通行？哦，是，也不是。他说确实有滑坡，但是路边停有卡车和面包车，专门把人们从一处滑坡运到下一处滑坡地带。这正是我们想要听到的，于是我们赶回其尼巴格，还想要把信息传开。显然，我们不是唯一得到最新消息的。我们刚回到酒店，前台就宣布开始出售汽车票。一整支车队明天早上便可出发前往伊斯兰堡。所有坐在大厅里的巴基斯坦人都冲到柜台前。我们很走运，正好站在柜台边上，自然轻易拿到了头两张票。车票不便宜，一百五十元人民币一张，但这可是开往伊斯兰堡的汽车。

不用说，第二天一大早，两百个巴基斯坦人开始往车队的五辆大巴车顶上装运他们剩下的货物。整整花了三个小时才全部装载完毕，等我们出发时，已经时过正午。不过总算出发了。我们沿着古老的城墙向西出城，一路上大家一言不发。没人相信奇迹真的发生了，我们甚至准备好打道回府了，但是车队一路向前。

不久，我们就进入了碎石遍布的荒野，开始沿着盖孜河溯流而

盖孜河

上，接着进入一条窄长的山谷，两侧赭红色砂石崖壁临河绝立。公路盘桓而上，车队到达帕米尔高原时，我的高度计从一千三百米升到了三千二百米。艰难地翻越了第一个山口后，司机把车停下，所有的巴基斯坦人都走下车在路边冰冷的溪水中洗脚，铺开他们的祈祷垫，和我们一起祈祷我们的大巴一路平安。

祈祷的巴基斯坦人

山谷中穿行

第十八章
通往塔什库尔干之路：海拔四千米

我们冲着麦加的方向低头片刻,继续穿过几条半干涸的河流,又进入了除石头之外万物不生的荒原。终于要与维吾尔人说再见了。维吾尔人并未在森林中生活过,但是他们至少需要周围有棵树,不只是为了遮荫,更是为了提醒他们记住自己的祖先。

很久以前,中亚大地还覆盖着树木,而不是被如今的沙漠和草原所覆盖,一天,两棵树之间出现了一个土丘,一束光从天上投下来照在土丘上,土丘越变越大,当地人觉得很奇怪。这时土丘裂开,五顶帐篷出现在人们眼前,每个帐篷里都有一个婴儿,人们更加觉得怪异。是啊,这件事太怪异了。村子里的长老认为婴儿是神赐给他们的礼物,便把他们抱回村子,像对待自己的亲生孩子一样把他们抚养长大。直到有一天孩子们询问他们的亲生父母是谁,村民们就把他们带到两棵树那里。树告诉孩子们说"很高兴再见到他们",孩子们也答应常回来看望父母(两棵树)。他们也一直遵守了自己的诺言。这些孩子就是维吾尔人的祖先。维吾尔人如今仍崇拜树,但不是任何树都崇拜,他们只崇拜榆树妈妈和杨树爸爸。如果你在新疆看到榆树或杨树上扎着一根彩色布条,那就是"树"民族中的某

万物不生的荒原

个迷失的成员在呼唤祖先的指引。但是在从喀什去巴基斯坦的路上我们没有看到。目光所及之处,除了石头还是石头。

在我们下车祈祷后,车队又往前行驶了一个小时左右,司机再次在一个湖边把车停下,这次是让大家下车"方便"一下。巴基斯坦人因穿着长及膝盖的纱丽克米兹[①]衬衫,只能蹲在一边撒尿,而我和芬恩在车旁顺风而立。我俩凝望着也许是中国最美的景色赞叹不已:七千七百米高的公格尔山和七千五百米高的慕士塔格山雪峰倒映在卡拉库尔湖那美得令人窒息的水面上,熠熠生辉。夏季,周围的草场上帐篷星罗棋布,居住在这一地区的柯尔克孜民族[②]成群地在这里放牧。但现在是秋天,他们已经转移到了其他低海拔牧场。

慕士塔格峰在维吾尔语中意为"冰山之父"。不仅慕士塔格山宝石般的顶峰美得令人合不拢口,卡拉库尔湖也是我和芬恩见过的最美丽的湖泊。幽蓝的湖面几近墨色,其平均深度达三十米,而且它还是个很独特的湖:没有河流把湖水引入我们刚刚穿过的山谷,湖水是沿着附近大山下的地下通道流出,汇入了丝路南线的泉水中。卡拉库尔湖也是个圣湖,只有傻子才会在里面游泳。湖水冰冷刺骨,据当地的柯尔克孜族牧人说,湖里住着一条大鱼,每天中午时分,大鱼就升到水面上翻滚,然后又潜入深蓝色的湖底。

当时已是下午,我们未曾见到大鱼的身影。时节已入深秋,我们唯一能看见的是湖边附近几个开观光小旅馆的柯尔克孜人,但是

[①] 纱丽克米兹,一套包括裤子和衬衣的服饰。它是巴基斯坦男性和女性的日常服饰。——编者注

[②] "柯尔克孜"是民族的自称,国外同源民族被汉译称作"吉尔吉斯"。

慕士塔格峰

卡拉库尔湖

根本没有观光客。我和芬恩向店主挥挥手，他们也向我们挥了挥手。我猜他们在公路上没见过这么多的大巴车，更没见过一整车的巴基斯坦人和来自其他国家的老外。我们返身上车，大巴继续前行。

我们到访期间，中国生活着十五万柯尔克孜人，大部分住在与阿富汗、塔吉克斯坦以及吉尔吉斯斯坦交界的帕米尔高原上及山脚下。吉尔吉斯斯坦是古代吉尔吉斯人的家乡，现在仍然生活着一百多万骑马、牧羊、讲故事的游牧民。其中一个民间故事讲的是为什么部分柯尔克孜人留在了中国，而其他人（吉尔吉斯人）则留在吉尔吉斯斯坦。

传说很久以前，当时整个吉尔吉斯部落的人只需十几个帐篷就可以住下。一天另一个部落突然来袭，屠杀了吉尔吉斯部落的所有人，只有在附近山中采药的一个小男孩和一个小女孩幸免于难。

两个孩子回家后看见惨状悲痛不已，悲痛至极。幸运的是，一头善良的老母鹿把他们带进了森林。母鹿用自己的乳汁哺育他们，带领他们在森林中采集坚果和野果。两个孩子长大后结婚生子，子子孙孙代代相传。这就是柯尔克孜人住在卡拉库尔湖岸和慕士塔格山坡的原因。

这只是其中一个故事，他们在漫长的冬夜还喜欢讲另一个故事。

当年宇宙之神创造世界，造出来的生灵中有一种喜欢燃烧的火精灵。不久，火精灵就把它所见到的人和物烧了个精光，其他生灵奔走呼救，宇宙之神得知此事后很生气，命令火精灵住手。但是火精灵置若罔闻。它的烈焰所及之处，万物无一幸免。

唉，这让宇宙之神忍无可忍。他化身为一头巨大的蓝色公牛，仅牛角就长达二十公里，他喷着响鼻向火精灵冲去。他们两个角抵着角争斗了几个回合，直到火精灵向天精灵求饶，请求天精灵给它一个地方躲藏。天精灵心地善良，张开了蔚蓝的天穹，火精灵飞上天，逃脱了宇宙之神的长角。到了天上，火精灵再次开始焚烧人间万物，生灵再次呼喊求救。于是，宇宙之神派冰精灵上天拯救万物。冰精灵飞到天上，往大地上送出凉风，降下雨水，万物得救，这其中就包括柯尔克孜人的祖先。

柯尔克孜人现在仍然在漫长的冬夜讲着太阳（火精灵）和月亮（冰精灵）的来历，讲述着帐篷外的冰雪对他们多么重要。

说到冷，太阳已经悄悄溜下帕米尔高原，大巴内的温度开始下降。离我们过夜的地方还有两个小时的车程，我伸手从背包中掏出第一瓶白兰地。同车的旅客除了几十位巴基斯坦商人，还有几个其他国家的外国人，其中一个就坐在我们身后。他叫约翰，来自澳大利亚。在我们把白兰地瓶子递给约翰后不久，他就暖和过来，兴奋地哼唱着："喀喇昆仑长又长，骆驼大巴驮行装，牦牛长毛制成衣，不如一瓶白兰地。"

时间一分一秒地过去，我们不时喝上几大口，再哼两句小曲。终于，约翰瘫在座位上。我想白兰地和高海拔都足以让他休克。汽车正行驶在海拔三千六百米的高度，而我们离位于塔什库尔干附近的过夜地还有一个多小时的车程。这一地区除了是柯尔克孜牧人的家乡，也是塔吉克人的家园。中国的塔吉克人有三万五千名左右，与柯尔克孜所拥有的十五万人口相比并不算多。但是塔吉克本民族的故事却一点儿也不少。帕米尔的最高处也是他们的领地。

开往巴基斯坦的大巴车

柯尔克孜人是从今俄罗斯城市新西伯利亚附近的叶尼塞河迁移到此的，而塔吉克人的故乡则在西方。有学者研究发现塔吉克人的祖先居住在东伊朗高原地区或古波斯帝国的边缘地带。塔吉克人早在三千年前就开始在帕米尔高原安家，他们带来了长笛，并于公元前2世纪介绍到中原。

据塔吉克人说，发明笛子的是个叫瓦法的塔吉克青年。

从前有个猎人家族：父亲、儿子以及他们的小奴仆瓦法。他们生活很艰难。无论他们打到多少猎物，都被头人拿去。父子俩因不满而诉苦，头人便下令把他们处死。头人贪婪无比，甚至连他家唯一的财产——一只捕猎的老鹰也不放过。

瓦法听说头人要来捉老鹰，便带着它逃进了深山。头人发现后便带着喽啰追到高山上。瓦法越爬越高，但怎么也甩不掉身后的头人及其喽啰。最后，瓦法爬到峰顶无路可走了，他宁愿跳崖也不愿把家里的猎鹰交出去。因为老鹰为这个家服务多年，非常善良。

就在瓦法准备跳崖的时候，老鹰咬下自己的一个翅膀，交给瓦法，并教他如何用翅骨制作笛子。当头人和喽啰赶来后，瓦法吹响笛子，猎鹰成群而至，开始攻击追赶瓦法的坏蛋，头人跪地求饶。瓦法说，如果头人释放村里所有的奴隶，并且送给他们羊群和牲畜，就饶他一命。头人无可奈何地答应了。

这就是塔吉克人的来历，也是笛子的来历。

塔吉克人还喜欢讲另一个"我们如何来到世上"的故事。

很久以前，人类还没有诞生，但是世界已经存在。一天，宇宙的缔造者安拉坐在银河系中心，全身散发出耀眼的光芒。在万丈光芒中突然闪现一颗蛋。安拉把它拾起，一分为二，即天与地。然后安拉想，地上要有人生活。于是安拉召来天使，请他们造人。

天使说："真主啊，照着谁的样子造你所谓的'人'呢？"

安拉答道："去天堂湖看看湖水，照着你看到的形象造我的子民。"

天使遵命照办，往湖水中望去，看到的是自己的倒影。天使以前从未见过倒影，以为这又是真主创造的奇迹。于是天使根据自己的形象造出了人形。但天使不是用光造人，而是用土捏成泥人，并对其吹入天堂的灵气，让他们在大地上游走，从此人就一直行走在地上。

这就是塔吉克人流传的我们人类的起源。但故事还没完。

天使造出人后，先让他们在天堂里漫游。和所有天堂一样，人们在这里什么都不用做，每个人都快乐无比。但人就是人，他们想：可能还有更好的东西。一天，他们出来散步，看见一块麦田，他们想尝一尝，于是他们就吃了一点麦子。味道还不错，但是接下来奇怪的事就发生了。他们都忍不住要去大便。此前他们并未觉得饿，也从未吃过任何东西。这些人"方便"后，天堂里四处充满了恶臭。以前从没有人闻过这么臭的味道，连真主安拉也没有。安拉闻到恶臭，勃然大怒，勒令人类赶快离开天堂，永不复返。于是人们就来到了地上。但是地上没有什么吃的，于是他们向安拉祈求食物。安拉把他们吃过的麦子给了他们一些。然后他们又向安拉请教怎么种麦子。安拉教他们种麦，并给了他们几头牛。牛问安拉它们应该吃什么。安拉冲着一堆麦子和一堆麦草指了指，让它们自己选。自然，麦草比麦子多多了,牛毕竟是牛,它们选了麦草。从此世界就是如此。人吃麦子,牛吃剩下的麦草,他们一起把世界弄得臭气熏天。

我和芬恩刚刚喝光第一瓶白兰地,车队驶进了塔什库尔干——爱讲故事的塔吉克人的故都。

古希腊地理学家托勒密在 2 世纪描绘了已知世界的尽头,他把塔什库尔干称为"丝绸之国最西边的城市","丝绸之国"即当时的汉朝。这里实际上是丝绸贸易的主要通道:从喀什噶尔翻过喀喇昆仑山脉进入印度西北部的佛教王国。那个时候塔什库尔干的居民被称为"色勒库尔人",我们来时离开盖孜河后穿过的地带仍被称为"色勒库尔山谷"。色勒库尔人是塔吉克的祖先。和这一地区生活的柯尔克孜等游牧民族不同,他们主要依靠农业和贸易为生。除夏季之外,他们住在木房子或石头房子里,而不是帐篷里。塔什库尔干就是他们的古山地王国的首都。

虽然我们抵达时天色暗得什么也看不清了,但我们知道他们故都的遗址就在城南的一个小山坡上。没有人确切知道他们的祖先何时建都于此,但我猜应该是在波斯王梦见中国公主后的某个时期。公主肯定非常漂亮,因为波斯王梦醒之后即派使者去向中国皇帝请求联姻。那一段时期恰逢中国意欲扩大在新疆的影响,于是中国皇帝答应了他的请求,派随从护送公主前往波斯。他们走到色勒库尔山谷时恰逢冬天,山口被冰雪封住,大家不得不在此安营扎寨等待明年春天的来临。就在等待期间,公主陷入了热恋。

7 世纪唐朝和尚玄奘与驮着经书的白马经过塔什库尔干时也在此停留了很长一段时间。唐玄奘记录下这个故事后才动身返回长安。

色勒库尔山谷

负责护卫公主的官员并未在山谷中等着熬过冬天，他们选择了附近的一座山，限制外人进入，并建了一座城堡。但是官员们却没有想到山中竟然有神灵，且神灵从来没见过这么漂亮的女子。

果然，当第一丝春光染红了山脚下的杏花时，官员们惊恐地发现公主怀孕了。"什么？"他们叫嚷着，"这怎么可能？我们日夜守护着她，怎么可能有人偷偷溜进来？"他们开始寻找秘密通道，还威胁要把公主的侍从全部处死，除非他们说出谁是孩子的父亲。最后，一个侍女说出了其中的秘密。她说："每天中午，一个英俊的青年从太阳上下来进入公主的房间，然后驾着日落的彩霞飞走。我听到公主在他离开时叹息后才得知他俩彼此相爱。"

唉！此时，皇帝派来护送公主安全抵达波斯的官员吓得浑身发抖。如果继续上路，他们明白等波斯王发现真相后一定会处死他们；如果返回长安，同样的命运也在等待着他们。他们别无选择，只能待在原地。他们宣布公主为揭盘陀国的女王，并以塔什库尔干为都城。孩子的父亲其实是太阳神，公主的儿子长大后做了揭盘陀的国王，他的子民从此被称为"塔吉克人"。

这就是7世纪玄奘经过塔什库尔干时揭盘陀国王讲给他的故事。一千三百年后，塔吉克人还在给游客们讲述着同样的故事。

公主原来居住的城堡（即公主怀孕的地方）建在离塔什库尔干八公里的山上。据说在山上能俯瞰我们来时的道路。我们没打算去参观这个地方，而且也不必去了。一百年前，奥莱尔·斯坦因去过那里，并拍了照片，以此向世界证明当时中国官员们选择这一地点的原因——从城堡陡峭的城墙上，公主及其继任者可以掌握经过揭盘陀国和今巴基斯坦以及阿富汗边境的游人的动向。城堡海拔四千多米,是当时最高的防御工事,人们很讶异它是如何建造起来的,而且居然还能住人。

随着时间的推移,公主的后代决定搬到更宜人的住处,于是便把都城迁到现在的位置。"塔什库尔干"在维吾尔语中意为"石头城",古城墙仍然矗立在城郊的山坡上。

我们到的时候已是晚上,只想着吃饭和睡觉。

与我们同时到达的还有两百名巴基斯坦人,都是四十天来第一批从喀什发往巴基斯坦的大巴车队中的乘客。经过十个小时的一路颠簸,我们都只想吃一顿热乎乎的饭菜,找到一张能睡觉的床。我们在汽车站的旅馆登记入住时,前台的姑娘告诉我们前方的道路仍然因滑坡而阻塞。她说,滑坡都在巴基斯坦一侧,而我们离边境还有一百公里呢。女孩还说,过去四十天里,能过去的车辆就只有自行车了,我们得步行六十公里才能通过所有的滑坡地段。听说我们的车队打算开过去,她放声大笑。

一想到前方的路,我们连连叹息。我们走的是喀喇昆仑公路,是以其穿越的喀喇昆仑山脉的名字命名的。20世纪60年代,中国和巴基斯坦决定消除分歧,以此来反制印俄关系的加强。同样,在60年代初,当巴基斯坦人伸出橄榄枝后,双方同意合作修建一条跨国公路。

三万名巴基斯坦人和中国人花了二十年的时间修建了这条公路,付出了一千多条生命的代价。1982年,公路首次对官方交通和跨境贸易开放,1986年开始对旅游业开放。从此,公路不断因为滑坡而间歇性地封闭,但从未超过几天的时间,至少在我们出现

喀喇昆仑山脉

前是这样。但是，除了前方的路况，我们还有其他担忧。我们饥饿难耐。

多亏其尼巴格宾馆的人提前给这里的旅馆打了电话，旅馆的餐厅仍在营业中。我不记得自己吃了些什么。但是，当我们就着啤酒把饭菜吞下去的时候，突然停电了。我们不知所措，在黑暗中无助地瞪大了双眼，这时，旅馆的工作人员突然拿着蜡烛出现，并把蜡烛分发给客人。他们说，城里每晚12点停电。好在我们都吃完了，摸索着找到了各自的房间。等我们上床睡觉时，已过午夜，我俩都累坏了。但是还有最后一个从塔吉克人那听来的故事要讲——就算是个睡前故事吧，如果你愿意听的话。

传说有个叫萨姆的塔吉克勇士，他的儿子出生时浑身长满了白毛。萨姆认为这是不祥之兆，就把婴儿带到荒野外抛弃了。但是他遗弃婴儿的地方恰巧是凤凰的栖息之地。凤凰发现了婴儿，对他精心照料。有一天晚上，婴儿在萨姆的梦中出现。第二天早上，萨姆醒来后便去寻找婴儿，找到后把他带回了家。他的儿子长成了一个英俊的小伙子，后来娶了一个来自黑暗之国的女孩，并有了一个儿子。他们的儿子身强力壮，用木棒打死了一头狮子，大家都叫他"鲁斯塔姆"，意即"狮子杀手"。他做出了许多传奇般的事迹，打败了黑暗势力。塔吉克人说彩虹是他的武器，他的坟墓就在塔什库尔干和慕士塔格峰中间的一座小山上。我们的大巴显然在来这里的路上摸黑经过了那里。

这个故事这么短，还不错吧？我已经筋疲力尽了，在四千米的高原，呼吸都困难，更别提讲故事了。我只记得这么多了。

远望慕士塔格峰

第十九章

红其拉甫山口：帕米尔惊魂记

第二天,芬恩和我伴着日出起床,准备直面丝路上又一个充满不确定性的一天。我们走到外面,却发现车队所有的车辆都不见了!晕!到底怎么回事?我俩冲进里面,想搞清楚车队为什么把我们甩了。不过我们的悲愤很短命。前台的姑娘说他们都去加油了,一小时后回来。一小时后他们真回来啦。我们终于在10点后重新踏上去往巴基斯坦的旅程,同行的还有两百名这个伊斯兰共和国(巴基斯坦)的国民。

从塔什库尔干开始,公路绵延攀上一个宽广的山谷,唯一的生命迹象是偶尔出现的马群、牦牛群和骆驼群。最后,在经过了柯尔克孜人聚居地达布达尔后,明铁盖河从西边流入山谷。公路修建以前,通往巴基斯坦的贸易通道沿明铁盖河绵延二十公里左右,然后急转向上穿过明铁盖达坂。"明铁盖达坂"在维吾尔语中的意为"千只公羊的山口",这里的海拔为五千米,翻越达坂①需要有公羊般的耐力。幸亏我们的目的地是南边不那么险要的红其拉甫山口。离开

---

① 达坂,它不是指某一个具体的地方,在维吾尔语和蒙古语中意为"高高的山口和盘山公路"。——编者注

塔什库尔干两小时后，我们来到了皮拉力。

一个多月以来，没有任何机动车经过关口，因此没人想到我们会来。找齐拿着钥匙和公章的分管官员又足足用了两个小时，这让我们觉得特别不可思议，因为一共才有四栋房屋。显然，大家都在睡觉，醒来后还得吃午饭，然后这些边防官员才会考虑我们通关的事情。

首先，两百名同行乘客中有二十个人的签证过期了。他们都是巴基斯坦人，自从滑坡封闭了中巴之间的红其拉甫山口后，他们已经困在喀什四十多天了。边防官担心：由于我们中没人持多次入境签证，如果他们放我们过关，而我们在路上无法继续前行而再次返回皮拉力时，我们可能会因为没有签证而被困在这里。

协商持续了两小时，而在此期间我们一直等在外面的寒风中。我们没来得及吃早饭，现在又错过了午饭，晚饭还没有着落。几片雪花从天空飘落，最后一个塔吉克人的故事也随着雪花一起飘下来。

那是在创世不久，只要人们饿了，造物主便往地上撒下精细的面粉。人们用面粉做成面包、面条，没有人挨饿。直到有一天，一个老太婆用面粉擦屁股。造物主看见后，勃然大怒，把面粉变成了白雪，人们从此又冷又饿。

当我们正诅咒着可恶的老太婆时，和边防官员谈判完毕的巴基斯坦长者们挥舞着我们的护照走了出来。我们可以过关了。他们决定放手让我们越过边境——条件是，除非有人持多次入境签证；否则，万一红其拉甫山口无法通行，则不允许任何人再返回此处。

一个边防兵抬起路障让我们通过，这时有人从车窗扔出一串鞭

雪山之下的红其拉甫边防检查站

炮，驱赶我们沿路可能遇上的鬼魂。大家齐声欢呼喊叫，感谢真主安拉，我们开始向人类已经修通了公路的、世界上最高的山口——红其拉甫山口发起最后冲击。红其拉甫山口海拔四千六百多米，它位于植物学家所称的"寒带"地区。车窗外白雪皑皑，一片空旷。只有在夏季中的一段时间，这里的积雪才会融化，野草复苏，然后很快又回到冬季。

红其拉甫是塔吉克人对"血谷"的称法。这个名字来源于驮马的鲜血，主人用铁钉扎破马的口鼻，以帮其释放高原压力。据说早期的西方旅行者见到过山口路边的石头上沾有喷溅的血迹，而我们看见的只是白雪。

离开边防站一小时后，我们蜿蜒驶上帕米尔高原最后一处宽大的山坡。山口的牌子上写着"4700米"，而我自带的高度计显示有四千六百多米。牌子上还写着"欢迎来到巴基斯坦"。车子驶过牌子旁边时，两百名巴基斯坦人和十几个外国人齐声欢呼。驶下达坂后，我们停在了一个军事检查站。在一片雪地中间孤零零地立着两座水泥房子。一个巴基斯坦士兵从里面走了出来。他头戴贝雷帽，身穿突击队战服，看上去真像个战士。粗略地检查了一下我们的护照和签证后，卫兵微笑着移开了路障，挥手放我们通过。他一直挥着手，直到我们消失在喀喇昆仑山被红其拉甫河一劈两半的幽暗山谷中。一百年前，奥莱尔·斯坦因穿越红其拉甫山口时，把山口称作"适合女士的远足之地"。在此之前我们一直赞同他的说法，但不久我们就意识到他说的只是中国境内的那些山口。

帕米尔高原宽广起伏的山坡在边境线结束，喀喇昆仑黑色的陡

巴基斯坦卫兵过关检查

峭山崖从此处开始。现在我们的目光不再寻找牦牛,而是密切留意着马可波罗大角羊。这里是它们最后的避难所。同时,我们开始了"之"字形的下坡路,在几分钟之内就从四千六百米一下子降到了不足三千米的高度。冰雪被岩石代替,阳光让位于黑暗,我们发现自己沿着红其拉甫河进入了穿过喀喇昆仑山的山谷。

在维吾尔语中,"喀喇"的意思是"黑色",而"昆仑"的意思是"疏松的岩石"。因此,喀喇昆仑公路好像是布满巨石的跨越障碍训练场。但当我们最终平安进入巴基斯坦时,大家都露出了笑容。这时,就在我们拐弯时,一声巨响后整个车身抖动起来。原来是一块巨石打在车身上,差点从车窗中滑进来。司机没有下车检查损失,而是猛踩油门,我们也都没有回头张望,也没有时间回头张望。到达下一个拐弯处时,几十块巨石挡住了道路,有的比我们的大巴车还要大。突然间,我们猛然意识到为何一个多月来没有车能通过山口了。

全体人员从车上蜂拥而下:六七个西方人,六七个中国人,还有两百个巴基斯坦人。我们走来走去,观察着形势,情况似乎不妙啊。光是走来走去的解决不了任何问题,我们必须做点什么才行。于是,我们开始用较小的石块填补坑洼,把巨石推下山谷,其中,有些巨石需要两三个男人才推得动,还有的需要十几个人。但是有一块巨石太大,即使两百个巴基斯坦人一起推,仍纹丝不动。

我们站在原地,不知道接下来该怎么办,这时,负责管理车队的中国官员让大家都回到车上去。他要求车队调头回返,把我们送回中国。他说,我们可以在塔什库尔干等到道路清理畅通,也可以

穿越帕米尔高原

申请新的入境签证。

巴基斯坦人假装听不懂汉语,中国官员想让西方人给翻译一下,这时我和芬恩走到挡在路中央的巨石边。我俩捡起两块大石头,敲击巨石的边缘:巨石上掉下厚厚的一块;再敲,又掉下来一大块。敲了几下之后,两个巴基斯坦人走过来,加入了我们,然后又过来两个,接着又过来两个……不大一会儿,大约有五十个人在猛击如房子般大的巨石,"房子"越变越小。每敲掉一块石头,旁观者便发出一阵欢呼。当欢呼声的回响渐渐消失的时候,大家突然停住了手。山谷另一边的岩石开始滚落。我们都抬头望向我们这一边的崖壁。此时山谷中阳光已所剩无几,我们看不到任何东西,除非它掉下来砸到我们。我们又继续干起来。终于,巨石上掉下来庞大的一块,大家都围拢过来目测巨石到对面崖壁的距离:除勉强能通过一辆大巴车外,仅有三十厘米左右的空余。

不幸的是,五个大巴车司机中有两个是中国人,两人谁都不愿意冒险开过去,只有巴基斯坦司机愿意一试。我们都屏住了呼吸。车漆被擦掉了一点,但是他成功了!两百人的欢呼声再次"惊动"了悬崖上的石块。其他大巴抓住时机迅速通过,我们都回到车上,继续前进,进入了我们生命中最长的一个夜晚。

车轮滚滚,我们不时停下来移走巨石,不知不觉中太阳已经下山。第一辆大巴打亮了前大灯,其他司机紧跟其后,并透过车窗打着手电照明。我知道这听起来有点可笑,但是司机们认为如果一直打着大灯,汽车电池很快就会耗尽。无所谓啦,反正我们几乎是一寸一寸地向前挪动。夜色如墨,寒气袭人,雪花开始飘落。

众人合力移走巨石

大约 21 点钟的时候，我们来到山谷的一处宽阔地带，这里有个军事哨所，我们可以把车停在离悬崖足够远的地方，这样就不用担心夜间被落石砸烂。我们只能待在车上过夜，全身发抖，不知道还能不能看到明早升起的太阳。我和芬恩两人的脚都失去了知觉，一整天没有吃东西。但我们至少还有件大衣可以分享，那是在巴音布鲁克高原的蒙古商栈买的。大衣的内里缝着一整张羊皮，这让我们暗自庆幸。但即使蜷缩在羊皮下，我们也抖了一整夜。漫漫长夜似乎永无尽头。

西边的山崖上刚刚闪出一丝金光，几个乘客就下车在河边捡了一堆干树枝。不久，他们便生起一堆火。其余的人一个接一个地从座位上挣扎起来，走进清晨寒冷的空气中，暖一暖冻伤的脚趾。不知在夜里什么时候，雪霁天晴。

就在大家都站在外面寻思下一步该怎么办时，负责车队的中国官员让我告诉巴基斯坦人"前方的路无法通行"。他准备带着车队掉头返回中国边境。我极不情愿地用英语转述了他的话，我的英语又被翻译成乌尔都语①。

司机们发动了汽车，但是巴基斯坦人群情激愤。他们坚决表示不回去，而且他们还明确表示，掌控局势的是他们，而不是当官的。他们搬来大石头，挡在车轮前，不肯闪开。当官的没料到会这样，在中国根本不可能发生这样的事情。双方僵持不下。最后，当官的首先服了软。

---

① 乌尔都语，属印欧语系，是巴基斯坦的官方语言，也是印度宪法承认的语言之一。——译者注

车队停车休息

他意识到自己在这里没什么威信可言,便让司机熄了火,于是巴基斯坦人欢呼起来。然后大家伙儿又回到篝火旁,喝着热茶,吃着烤馕,暖着身子。这是我们离开塔什库尔干后吃的第一顿饭,且是由同车的巴基斯坦兄弟提供的。吃完饭后,我们又开始清理道路。但这次我们不是孤军奋战。哨所里的巴基斯坦士兵也加入了我们的队伍,而且他们还有炸药。一旦碰到搬不动的巨石,我们就蹲下身子,捂住耳朵,等士兵把它炸成碎片。他们说,之前没费这么大力气干这种活,因为一个月来没有机动车胆敢从中国进入巴基斯坦。

于是我们继续行驶在红其拉甫山谷中,边走边清理道路。中午时分,我们经过位于迪和(Dih)的巴基斯坦军营,再往前行驶六公里后,公路在此消失。这就是几天前美国女孩遇难的地方。当时她和几个朋友正步行通过被山体滑坡掩埋的公路,一块巨石从天而降。她的朋友躲开了,但她却吓呆了。巨石砸在她的胸口,她当场殒命。

这一处滑坡范围很大,要想前行,唯一的方法是下车走圆木桥横穿山谷,翻过一座山,在下游地带横穿回山谷后才能重新返回到滑坡另一端的公路上。附近山村里的几十个男人等在一旁帮助乘客扛行李:扛两件要三百个卢比,大约十五美元。

我和芬恩拒绝了他们,自己挎上背包,踮着脚横穿峡谷。所谓的桥就是几根圆木绑在一起,两边各有一根绳索可抓。看起来比实际要危险得多。跨过木桥后,我们开始爬一段山坡,这是我俩有生以来爬过的最陡的山坡。每向前走两步就要滑退一步,扬起的尘土和石子打在不幸跟在我们身后的人的脸上。一路的攀登异常艰难缓慢,但我们最终成功地翻过了山头。

下车过圆木桥

从另一面下山就容易多了，但横穿回到峡谷的另一边并不容易。这里的桥是由木板头尾相连铺成的，而且没有绳索可抓。我们前面的巴基斯坦人都是匍匐爬过去的，就这样还差点儿掉下去。因为我俩背上挎着背包，只能走过去。踏上木板，脚下水流湍急。我们目不斜视，开始过桥。最后几步全凭运气，我们侥幸成功。过桥之后我俩一下子瘫在地上，庆幸自己跨越了丝绸之路上的又一个障碍。

稍作镇定，我们沿着公路走了两公里，跨过一个更大的滑坡处。滑坡的另一端，六七辆皮卡车等着运送乘客到二十公里外位于苏斯特（Sust）的巴基斯坦边防站。我们刚刚穿越了"死亡滑坡"，心中有点扬扬得意。第一辆皮卡正在上人，考虑到同伴们装运行李的速度，我们决定不等了。我俩同意支付两百卢比的"特别包车费"——他们就是这么叫的。我们挥手示意司机出发，他就沿着残缺的公路向苏斯特飞驰而去，速度快得足以折断人的脖子。

入境的旅行者需要在苏斯特办理通关手续。在带我们去找过夜的房间之前，司机先在边检站停车让我们下来。负责通关的官员正在外边的走廊上和其他三个人打桥牌。打出最后一张王牌后，他示意我们跟他进屋。我俩头晕眼花，进屋后根本不敢坐下，便站在桌子旁边等他检验护照签证，登录名册。他在我们的护照上盖上印戳，说了一句"欢迎来到巴基斯坦"。此时我们很想告诉他：我们很高兴来到这里，但我们一路上吃了太多苦，我们实在太累了，现在我们唯一想做的就是吃饭、睡觉。

红其拉甫山口好歹已经被我们甩到了身后，我们的护照也盖上

在"死亡滑坡"中艰难跋涉

了戳，我们不用在大巴车上过夜了，而是住在山区度假酒店，能洗热水澡的双人间只要两百卢比。店主名叫易卜拉罕，那天晚上他为我们做了热奶茶和咖喱烤饼，真是美味至极。

然后，我们睡得像死人一样，真能一口气睡上好几天。但是，趁公路还能通行，我们得着急赶路。第二天早晨，易卜拉罕给我们沏上热奶茶，帮我们和车队其他几个乘客找了辆吉普车。我们每人付了一百卢比，司机拉我们过了古尔梅特村（Gulmit）以后在山谷中行驶了六十公里才到达下一处滑坡。河流的名字已经变了，它在这里被称为"罕萨河"（Hunza），是为了纪念一个同名的高山小国。我们现在正冒着大雨和浓雾向那儿进发。

苏斯特到古尔梅特一路上的风景最突出的特征就是荒芜的山谷，偶尔在开阔地带有个村庄。虽然看起来好像亘古已有，但是这种荒凉才是近几年的事。1974年的一场大地震后，多处滑坡阻塞了罕萨河，形成了一个巨大的、几乎长达二十公里的堰塞湖。当河水最终突破了天然的堤坝时，古尔梅特和苏斯特之间的大部分肥沃土地已经被埋在层层的淤泥和沙砾之下。经过帕苏小镇（Passu）时，司机告诉我们：1974年之前，山谷这一带的居民是现在的五倍之多。这里的居民以前靠出售杏干和其他干果为生。但是现在他们的果园不复存在。那些决定留下来的人通过为前来喀喇昆仑山峰和冰川探险的旅游团提供服务而勉强糊口。如果你喜欢徒步旅游，帕苏被公认为一个有着最好导游的徒步旅行之地。但是我们并没有停下来亲自一试，因为我们与古尔梅特村南那长达六公里的塌方地带有个"约会"，那里可以提供足够的徒步旅行。离开苏斯特两小时后，

罕萨河

我们到了"约会"地点。我们本不愿意在暴雨中艰难地穿越又一个滑坡地带,但别无选择。可是,我们刚到,天空突然放晴,阴霾散尽,阳光明媚。

远古时代,当地球上还生活着恐龙的时候,冈瓦纳古陆[①]上的一大块原始陆地脱落,在地球上漂移。七千万年前,它与亚洲板块相撞,其北部边缘滑到了亚洲板块的南部边缘之下,抬升了亚洲板块。这种仍在进行中的碰撞形成了兴都库什山脉[②]、帕米尔高原、喜马拉雅山脉和喀喇昆仑山。我们现在就身处喀喇昆仑山的群峰之中。这真是令人难忘的景色:地球上最大的"交通事故"所导致的天翻地覆的破坏。

与司机挥手告别后,我们顾不上驻足欣赏风景,即刻通过滑坡处的巨石堆。还没走出五十米远,就听见身后传来一声巨响。转身一看:我们刚才与司机告别时所站立的地方腾起一股尘雾。我们真够幸运的,到目前为止还没有因为告别时拖拖拉拉而犯下大错。

我和芬恩继续赶路,我们就像是在正午的阳光下两个攻无不克的勇士。尽管死神随时可能光临,但那天的天气却很好。我们穿过一堆堆的碎石,七绕八拐地进入山谷,就这样再次回到了原路上。最后,我们赶上了一群巴基斯坦人,他们也是我们车队中的乘客。他们雇用当地人替他们搬运大部分行李,同时自己身上也都背着一两件。我们停下来歇口气,回忆着我们穿越红其拉甫山口时一起度

---

① 冈瓦纳古陆,大陆漂移说所设想的南半球古大陆,包括今南美洲、非洲、澳洲以及印度半岛和阿拉伯半岛。——编者注

② 兴都库什山脉,亚洲中南部的高大山地,大部分位于阿富汗境内。——编者注

过的三天两夜。

他们询问我俩是否还有白兰地。我从背包里掏出最后一瓶,此时白兰地已经所剩无几。但他们并不想喝。他们都是穆斯林,只喝柠檬水,一点烈酒也不沾。他们只是想亲眼看看,是什么东西使我们在漫长且痛苦的煎熬中还能保持如此幽默。我们一阵哈哈大笑,然后跟他们挥手道别。两小时后,我们来到了这片滑坡的尽头,有几辆推土机正在工作。负责清除碎石的巴基斯坦士兵说,他们估计道路在几天之内就可开通。如果他们亲眼见过我们一路爬上爬下、七转八绕走过的滑坡地带,他们就会明白他们要干的活可不止几天,或许几个月、甚至几年才能干完。

我和芬恩爬上一辆小面包,甚至都懒得问离下一处滑坡还有多远。我们正在前进,这就相当不错了。可我们不明白推土机是怎么过来的,于是我们就问司机。他说,南行的道路已经清除完毕。原来前方的路已经没有滑坡了。司机也让我们感到有点惊讶:他竟然是蓝眼睛,白皮肤。他说自己家在罕萨山谷。我们问他的眼睛和肤色是怎么回事,他说两千年前他的祖先就来到此地,属于亚历山大大帝的残余部队,公元前4世纪跨越喀喇昆仑南部平原征战来此。

不到一小时,我们就来到了罕萨山谷。过了迦乃士(Ganesh)村后,司机转上一条蜿蜒的山路来到卡里马巴德镇(Karimabad)。他说,大部分来山谷的游客都住在卡里马巴德镇。我们无所谓,住在哪里都高兴,只要别住在大巴车上就行。他把我们放在一家"公园酒店"(Park Hotel),它看起来像个欧洲寄宿学校。酒店没有其他客人,店主带我们看了这里最好的房间。房间里一尘不染,床铺

卡里马巴德

乌尔塔山峰

好像云朵一般，还有两个大窗户。我们推开一扇窗，乌尔塔山峰的雄姿立刻映就在眼前。乌尔塔山海拔七千四百米，比珠穆朗玛峰矮一千四百米。但和珠穆朗玛峰不同的是，乌尔塔山从未被人登顶。远看山峰，恰似镶嵌在云彩戒指上的一颗白色钻石。我们又推开房间的另一扇窗户，映入眼帘的是一个鲜花盛开的果园，店主未出嫁的女儿正在洗衣裳，留下惊鸿一瞥。

店主说通常收费是三百卢比，由于是淡季，只收我们二百五十卢比，即十二美元，其中还包括一大桶可随时取用的滚烫的热水。我们要了热水，很快便想吃饭了。不到半小时，店主把我们领进餐厅，我们是这里唯一的食客，我们在一张足以坐下二十个人的大桌子上享用着炖羊肉、奶油菠菜沙拉和炸土豆丸子等我们从来没尝过的东西。此时，我俩感觉已经离开人间，来到了天堂。

实际上，我们身在香格里拉①，活得好好的。原来，罕萨山谷便是詹姆斯·希尔顿在其著作《消失的地平线》中所描绘的地方。书中，一群西方人因为印度发生大革命而逃命，飞机坠毁在一个山谷中，这里远离人与人之间的暴虐，人们过着幸福健康的生活。我们吃完晚餐后唯一的问题是：等我们离开后，还能找到回来的路吗？

---

① 此处的香格里拉并非我国云南的香格里拉县。——编者注

罕萨山谷

第二十章

香格里拉：只叹停留太短

即使在香格里拉，生活也并不总是那么和谐。山谷北部的居民把此地（也就是我们所待的地方）称为罕萨谷，而南部的居民却称其为纳尔噶谷（Nagar Valley）。不只是地名称谓不同，两边的居民在很多问题上意见相左，因此，他们之间的不和持续了三百年以上。

传说，统治山谷南北部所有土地的罕萨王米尔有两个儿子，他们互相敌视。米尔临终前，决定把领地平分给两个儿子：以罕萨河为界，一个分得河流以北地方，一个分得河流以南领土。但是，罕萨王刚刚去世，其中的一人就暗杀了自己的兄弟，然后他又被兄弟的儿子所杀。两兄弟的子孙从此结下世仇，暗杀成为继承南北统治权的正常手段。

尽管有分歧，但双方都承认拥有共同的祖先，其世系远远超过17世纪的米尔及其两个儿子，可追溯到两千年前在此居住的人们。究竟那是些什么人至今还是个谜，但有些历史学家同意我们最后一个面包车司机的说法，认为他们是亚历山大大帝军队的余部，公元前4世纪跨越喀喇昆仑南部平原征战来此。看一看这些蓝眼睛、白皮肤的那纳尔人和罕萨人，你就很容易想象得到亚历山大的士兵如何逃离了炎热潮湿的平原地带并发现了冰雪覆盖的山峰及鲜花盛开的香格里拉河谷。

但是，无论他们是希腊士兵或其他什么人，对于这些沿着印度河和罕萨山谷进入喀喇昆仑山的人们，以及他们为何来到如此高峻的山地，我们所了解的信息并不多。但毫无疑问，部分原因是为了逃避蚊子、老虎以及人类成群出没的泛滥平原。我们的面包车快要开进罕萨河谷前经过了一块突出的岩石，当地旅游局在此立了一块牌子以标明这是罕萨圣石。司机给了我们足够的时间下车仔细地查看岩石表面雕刻的线条图案。

这块五十米高的圣石上刻有印度塔、人物及许多羊、马等动物图案。经考证，石头上的古老文字为古代王公大臣、香客、僧侣经过时为留作纪念而镌刻的。除此之外，历史学家识别出其中所记录的两千年前有关当地神话以及历史事件的内容，这其中就包括据说是由邪恶的食人魔王希利巴达特（Shiri Badat）用手指刻上的文字。

希利巴达特邪恶无比，连他自己的亲生女儿都与其为敌。他女儿与其仇敌合谋，诱使希利巴达特跌入地毯下的深坑。趁他来不及逃脱，他们往坑里填满木头，烧死了魔王。罕萨河谷的居民至今仍然在冬至那天点燃篝火，以此来庆贺魔王灭亡。他们载歌载舞，屠宰山羊。

这个故事便刻在石头之上，但我们能辨认出来的只有"屠宰山羊"的那部分信息。

第二天早晨我们醒来时，第一缕曙光刚刚把山谷两侧的冰峰染成了粉色，然后是金色。当太阳爬上东方的山岭时，我们起床走进

"公园酒店"的餐厅，早餐已经准备好了：一大壶热咖啡、自制的面包和自制的杏子酱。店主说罕萨谷是杏树所能生长的最高的地方，再高的话，氧气就不够了。山谷中村庄的平均海拔为两千五百米。山谷因居民长寿而闻名，这里很多人都活到一百岁，甚至更久，他们认为杏子便是大家长寿的原因之一。我们往面包上大块地涂抹杏子酱，感觉自己增了几年寿。

店主说自从南边的路重新开通以来，我们是店里的第一拨客人。他说，道路因滑坡堵塞后不久，军队就用直升机把滞留此地的人们撤离了。四天内共撤离了两百五十多名游客。

即使在香格里拉，游客也免不了花钱，我们想把一部分旅行支票换成现金。店主告知我们巴基斯坦银行在当地的分行所在地后，我们就走到马路上来来回回地四处寻找。最后，在几个孩子的帮助下，我们终于在一条胡同里找到了这家银行。门口招牌上的字掉了大半，这也是我们没有注意到它的原因之一。另外，银行不过就是一间有两张大桌子的小屋而已。每张桌子后面坐着一个职员。一个澳大利亚游客正坐在其中一张桌子前边的椅子上办理业务，我们便坐到另一张桌子前。银行男职员告诉我们他嗓子疼，问我们吃什么药管用。然后他开始询问我们有关签证的问题，接下来又从签证扯到找老婆的问题。

这时，正在查看澳大利亚人刚签署的旅行支票的男职员要求看一下澳大利亚人的护照。然后，他又重新看了看支票。他似乎在和支票与护照进行一场对话，且对话进行得没完没了。终于，他把支票递还回去，说无法兑付。澳大利亚人很不解地问道："为什么不能

巴基斯坦银行职员

兑付？"男职员回复说："签字的笔迹不一样。"我们从澳大利亚人肩头望过去：笔迹看起来一模一样啊。但是男职员还是挥手让澳大利亚人走开，说了句"下一个"。我们小心翼翼地在支票上签上名字，把支票递给为我们办理业务的男职员。"对不起，"他说，"今天我们没钱了，喝点茶怎么样？"

这是我们第一次跟巴基斯坦官僚打交道，于是我们打算在这儿多待一会儿，开开眼界，长长知识。其中一个职员拍了拍手，片刻就有一个小伙子端着一个托盘走进屋，托盘中盛着茶杯、一碗糖、一壶奶和一壶茶。果然不出所料，在我们刚刚享受了一口奶茶之后，其中一人开始给我们普及知识。

"你们现在待的地方叫'罕萨谷，'"他说，"你们知道那是什么意思吗？'罕萨'取名于匈奴。5世纪时，匈奴人从中国去往印度，经过这里时，有些人留了下来。我们看起来和其他巴基斯坦人不一样，就是这个原因。这也是此地叫作'罕萨'的原因。①"

他又问："你知道什么是爱吗？反正我不知道。我都二十八岁了，还没结过婚，连女朋友都没有过，至今还是个男童。也许你可以给我介绍一个你们国家的女孩。我很想知道爱的滋味，在这里很难知道什么是爱。"

我想起在苏斯特边防站的旅馆里有人落在床上的一张汽车保险杠贴纸。这上面写着：我不需要很多爱，只需要持续、稳定的补养。唉，这个可怜的家伙没有一点补养，无论是稳定的还是其他什么样

---

① 罕萨的英文为"Hunza"，匈奴的英文为"Huns"，两者发音近似。——译者注

的，他统统都没有。但是，你自己都不懂得爱，又怎么能给别人讲爱呢？我们喝完茶，谢过了害相思病的主人，走到屋外，迷人的景色又一次拥抱了我们。

　　来罕萨谷的游客中，大多是为登山而来。除了位于卡里马巴德小镇后面无人攀登过的金字塔形的乌尔塔冰峰，他们还要去山谷南面、卡里马巴德对面的拉卡波希山（Rakaposhi）巨大的白雪顶峰考验自己。拉卡波希峰海拔七千八百米，和乌尔塔山峰不同的是，有人曾经成功登顶此峰。在拉卡波希峰东面，与其位于同一条被冰雪覆盖的山脊上的还有迪兰峰（Diran）。迪兰峰高七千三百米，比拉卡波希峰较低，但它却是巴基斯坦夺人生命最多的山峰，当地导游把它称为"鬼山"。

　　即使游客不打算登顶探险，他们也可以到登山者所使用过的大本营参观一下。就拉卡波希峰和迪兰峰而言，正常的登山路径是沿喀喇昆仑公路走到罕萨谷的西端，在这里公路跨过了罕萨河。河对岸有一条吉普车道通往米娜品村（Minapin）。通往这两座山峰的小道起点就在村子唯一的旅馆后面。步行七个小时就可登上大本营，再走一个小时就可到达一片巨大的、绵亘铺展在两座山峰脚下的草地。打算一日游的游客（去草地至少需要两天时间）可以在村子里雇用向导和装备。即使带上向导和所有装备，那里的狂风和严寒也令人望而却步，除非是在盛夏季节。当时已是深秋，这是我们返回花园般的"公园酒店"最好的借口。在酒店，我们写写明信片，偶尔瞄一眼穿着纱丽、戴着头巾为我们晾晒衣服的可爱的店主女儿——我们太懒了，懒到都不愿意自己洗衣服。

拉卡波希峰

据我猜测，巴基斯坦女孩一生下来不久，她们的头里就植入了一种设备：只要被男人看一眼，设备就会报警。于是，店主的女儿还没来得及晾完衣服，她脑袋的警报便响了。她马上消失，并隐入酒店里的妇女专区。她母亲不得不出来继续完成她的工作。巴基斯坦是个伊斯兰国家。实际上，这正是它存在的首要原因——与印度分开，给次大陆的穆斯林提供一个属于他们自己的国家。

到目前为止，在我们所游历的巴基斯坦地区大部分人是伊斯兰教什叶派主要支派之一的伊斯玛仪派的教徒。什叶派的教祖是穆罕默德的女婿阿里，他对宗教修行的兴趣远大于强权政治，但阿里最终还是死于暗杀。一百年后，伊斯玛仪派由于教法分歧与什叶派分裂，从此成为独立的宗派。其领袖艾贾·汗是伊斯玛仪派创立者的第四十九代继承人。有人告诉我们山谷西端的那座漂亮石头房子便是艾贾·汗为村里的女孩子修建的学校。我们还被告知：不要对着房子看太久，否则会触发警报。

我们这一天无所事事，就在卡里马巴德稍作休整，甚至还小睡了一会儿，好像在度假一般。但我们不是来度假的，趁着公路还能通行，是时候继续上路了。第二天早晨我们出发前，店主请我们在他的宾客登记簿上签个名。我们翻了一下登记簿，发现了一位英国游客在 1988 年用钢笔写下的一首诗：

远离喧嚣尘世纷争

身处甜杏长寿之乡

甘冽清泉巍巍险峰

> 绿色王国公园酒店
>
> 城堡下好客的港湾
>
> 只叹停留太短、太短

  我差点忘了那座城堡，巴尔迪特城堡（Baltit Fort）。正如诗中所言，它位于酒店上方，俯瞰着整个山谷。来卡里马巴德游览，不看一下城堡，或至少极目远眺一下，旅程就不算完整。城堡建于五百年前，是当地的米尔为来自吉尔吉特东部的巴尔迪斯坦藏族王国（Baltistan）的公主所建，因此取名为"巴尔迪特堡"。公主不仅为城堡取名，还带来了自己的工匠，因此城堡独具藏族建筑风格。城堡已经失去了它昔日的辉煌，现在正在进行修葺。

  我们也匆匆挥笔写就了一首小诗，文采当然不及上述那首诗了，然后继续奔向下一个目的地——吉尔吉特市（Gilgit）。这是个真正的城市，我们希望能在此找到一家运转正常的巴基斯坦银行。

第二十一章

吉尔吉特：飞过世界屋脊

在喀喇昆仑公路修建之前，坐吉普去吉尔吉特的话，八十公里的路途要花费上七个小时。坐吉普是个不错的主意，特别是在山体滑坡的情况下，但是现在全程只需三个小时。果然，离开香格里拉三个小时后，我们到达吉尔吉特，并住进吉尔吉特市第二贵的酒店——梧桐酒店。我们之所以选择梧桐酒店，原因在于它是由巴基斯坦旅游开发公司经营管理的，且此开发公司负责分配从吉尔吉特飞往伊斯兰堡的航班上的外国游客配额，每个航班只有两个座位能被幸运的外国人拿到。

为了获取抽奖资格，我们不得不花六百卢比在梧桐酒店要了一个房间。酒店大厅里可以收看星空卫视的节目，所有房间都被草坪环绕着。我们房间外的阳台看起来是个品茶的好地方。

于是我们在登记簿上签上名字，并表达了我们想要两张第二天飞往伊斯兰堡的航班机票的请求。酒店经理仿佛没有听到我们的请求。他只想知道我们是否刚从伊斯兰堡来到这里。"不是，"我们说，"我们从喀什来。""什么？喀什？怎么可能？公路不是已经封闭一个多月了吗？"我们坚持说事实就是如此，听罢，他打开抽屉，从里面

梧桐酒店前的合影

拿出一张纸。他问我们是否认识马西·纳尔逊。"不认识。马西·纳尔逊是谁？"他把那张纸递给我们看。这是一张验尸报告：马西·纳尔逊，二十四岁，美国人，死亡地点——红其拉甫山口，死因——石块击中胸部。

"你们穿过了红其拉甫山口？""对啊。我们穿过了红其拉甫山口，我们还想要两张明天飞往伊斯兰堡的机票。"经理终于明白我俩是认真的，接过钱，并把我们的名字登在飞往伊斯兰堡的航班名单上。他没有问任何有关爱情的问题，也没有对比一下签名是否一致就给我们兑现了旅行支票。

巴基斯坦的吉尔吉特相当于中国的喀什，这里自古便是丝绸之路各条支线的汇聚地。如今，吉尔吉特被巴基斯坦政府称为"北部地区的行政中心"。1947年，英国政府决定把它的次大陆帝国——英属印度拆分，分成独立的伊斯兰国家和印度教国家，即东、西巴基斯坦为伊斯兰国家，印度为印度教国家，而兴都库什山、喀喇昆仑山和喜马拉雅山脉中的几十个公国被划分为独立的地区，不属于协议中的部分。

事实是，吉尔吉特传统上与克什米尔联盟。克什米尔的居民大部分是穆斯林，但统治者却是印度教徒。当统领决定加入印度时，巴基斯坦人却不能接受。文件签署的墨迹未干，鲜血已开始流淌，战争持续了两年。直到1949年，经联合国调停，双方停战，把有争议的地区划分为两半。巴基斯坦获得了克什米尔的一小部分以及以吉尔吉特为中心的七万平方公里的领土，现在称为"北部地区"。

然而，北部地区还是不如克什米尔重要，巴基斯坦一直试图解放生活在那里的穆斯林同胞。1965年，第二次印巴战争爆发。六年后双方停战时，巴基斯坦不仅没有获取任何领土，其东半部（即东巴基斯坦）反而脱离巴基斯坦，变成了孟加拉国。与此同时，北部地区仍然处于一种不稳定的中间状态。如果巴基斯坦把它变为一个正规的省份，那就相当于同意克什米尔分割。于是它们就保持现状，而我们也处于一种不稳定的中间状态，除非我们能拿到机票。

酒店经理说他也许能帮我们搞到一两天之内的机票。于是我们把背包拿进房间，点了一壶茶，坐在外面的露台上，放眼远望吉尔吉特山谷。

1870年夏天，在同一个峡谷里，一位名叫乔治·海沃德的英国人在晨曦中跪倒在地，最后一次凝望着被阳光照亮的山峰。几个月前，海沃德接到英国皇家地理学会的通知，因其在喀喇昆仑山和帕米尔高原所进行的探险，他被授予金质奖章。

在19世纪，英国皇家地理学会的金质奖章是探险家所能获得的最高荣誉。在学会的圣殿中，海沃德的画像仍然悬挂在尼罗河探险家塞缪尔·贝克的画像旁边，其对面是非洲大陆探险家斯坦利爵士。在海沃德的探险历程中，他听说了克什米尔王公对吉尔吉特附近一些部落进行的斩尽杀绝的行动，于是便发表了一篇记录这些暴行的文章，其中提到"王公的士兵把婴儿抛到空中，在落地之前劈成两半"。不用说，信息的走漏激怒了王公。海沃德没来得及离开喀喇昆仑山，便跪倒在晨曦中，等待着被处以极刑。他的坟墓就在吉尔吉特的英国人公墓中。这时，我们把注意力转向令人愉快的事情，又给自己沏了一壶茶。

吉尔吉特山谷

在考虑了各种可能性后，我们最后决定进行一次野外短途游。通过早先在罕萨谷遇见的一位小伙子的帮助，我们雇了一辆吉普车开进吉尔吉特山谷，就是乔治·海沃德一百年前为了探索奥克苏斯河（the Oxus River）源头而付出生命的地方。但我们的目标没有那么宏大。我们从吉尔吉特向西行驶六公里，沿着一条间或铺有沥青的公路蜿蜒而上，来到一个叫作"克尔加峡谷"（Kirgah Nullah）的峡口。有人在其中一面崖壁上雕刻了一尊大佛，但没人知道它是何人于何时所刻。佛教一千年前便在那一地区消失，因此雕刻大佛肯定是在那以前发生的事。但当地村民认为这座雕像不是佛陀，而是一个食人的巨人，他为害山谷，直到一位圣人把他钉在悬崖上。

雕刻并无特别的艺术价值，而且雕像只有四五米高，但这几乎是佛教曾在这片穆斯林土地上繁盛过的为数不多的证据。另一个证据则位于山谷对面一公里以外的瑙波村（Naupur）的山上。1931年，有人在一座古老的佛塔中发现密藏于此的桦树皮手稿。这些材料被梵文学者称为"吉尔吉特写本"，这其中包括很多梵文的佛教经典，且均为孤本。

在村长的帮助下，我们来到了佛塔遗址，但这里已经没有多少可看的东西了，倒是风穿过山谷时所发出的声音更让人觉得有趣。我们希望风儿是在许诺要载着我们飞离此地。实在没有什么可做的了，我们便返回吉尔吉特的梧桐酒店。这个季节登山有点晚，而想观看吉尔吉特著名的无规则马球赛又有点太早。对，马球，就是选手骑在马背上在草地球场上击球，观众谈论着天气而不是选手道德品质的那种比赛。

可是，吉尔吉特的马球比赛有点不同，这也理当如此，毕竟马球并非起源于不列颠群岛，而是起源于中亚。马球首先由兴都库什山脉另一侧的波斯人发展为竞技体育。但不知何故，巴基斯坦北部地区的马球比赛成了最狂野、最不受约束的比赛形式。一本旅行指南曾经记录道"观众的勇气可与选手不可思议的、蛮勇的马术匹敌，他们（观众）成排地站在矮墙上，球不时以惊人的速度撞在墙上又弹回"。另外值得一提的是，比赛的节奏由军乐队掌控，他们会随着比赛的进行不断加快音乐的节拍和音调。比赛进行的速度不仅对选手以及观众的要求很高，对马匹的要求同样很高。为了确保他们能胜任比赛，其饮食大多以核桃和桑葚为主——这里指马匹，而不是选手和观众。为期一周的比赛会在每年的3月下旬和11月初各举办一次。但现在是10月，此时我们对飞机票的兴趣更大一些。

事实上，我们很走运。刚返回酒店，经理就为我们带来一条好消息。他说我们已经预订上了第二天飞伊斯兰堡的航班，如果天气好的话。他还给了我们一封信，让我们交给当地的航空公司办事处。和印度一样，巴基斯坦对国营的飞机和火车实行外国游客配额制，这一点很好。我们俩也够聪明，通过支付巴基斯坦旅游开发公司经营的梧桐酒店的高房费，我们才有资格在每日飞往首都的航班上获得了两个座位。

《孤独星球》杂志在介绍喀喇昆仑公路时之所以把这趟航班称作"世界上最壮观的民航线路"，原因在于乘客乘坐一架小型螺旋桨飞机飞越喜马拉雅山脉绵延的西侧山峰，以及八千一百米高的世界第九大高峰南迦帕尔巴特峰（Nanga Parbat）那令人敬畏的山脊。如果赶上天气不是很好，飞机就会停飞；而一旦飞机停飞，我们就不得不乘坐大巴一路沿着印度河在最后一段喀喇昆仑公路上蜿蜒行驶十四个小时才能抵达伊斯兰堡。对，印度河，离开凯拉斯峰西坡后，它便绕着整个喜马拉雅山脉在吉尔吉特南边进入罕萨谷，然后转头向南奔流，经伊斯兰堡、摩亨约·达罗（Mohenjo-daro），最后注入阿拉伯海。但我们希望能从天上俯瞰印度河奔流的雄姿，而不是透过大巴车窗。

飞机已经停航三天了，只因为天空中有几片云彩，而夜里又下起了雨。听着窗外的雨声，我们叹息着，辗转反侧，良久才入睡。可是，第二天早晨我们醒来时，天空没有一丝白云。我们在露台上品享了最后一壶茶后便向机场出发。机场位于城东，从我们入住的酒店步行即可到达。中午之前，飞机降落。这是一架四十座的福克友谊客机，飞行员懒得关掉引擎，其破旧程度可想而知。从伊斯兰堡来的乘客刚下飞机，我们便登机了；他们的行李刚刚卸完，我们的就装上了。飞机轰鸣着滑过跑道，爬升到五千米以下的巡航高度。

飞机一升空，我和芬恩就把电池装进相机，开始把南迦帕尔巴特峰八千一百米的雄姿转换成胶片。因为在机场过安检时，我们必须把相机电池取出并藏好，否则会被没收。我可不想透露我把电池藏哪儿了。

接下来的一个小时中，我咔嚓了两卷胶卷，即使是透过雾蒙蒙的舷窗拍的，洗出的照片仍然精美壮观。我们飞过了世界屋脊；而且你相信吗？这次航行只花了六百卢比，还不到二十五美元。但是，一切都靠天气决定。我们后来听说，飞机又是连续三天停飞。

南迦帕尔巴特山峰雄姿

第二十二章

伊斯兰堡：我们的故事不能忘

飞机不断下降飞行高度，最终降落在炎热潮湿的平原上，浩瀚的印度河浇灌着这片土地，这是我们今早从吉尔吉特出发后不久就告别的那条河流。印度河贯穿流经巴基斯坦境内，从北部的中巴边境一直到南部边境的阿拉伯海。它东临印度大沙漠，西边环绕着兴都库什山脉。五千年前，印度河流域是世界四大文明之一的发源地。在我上学的时候，我们通常把它称为"印度河谷文明"，以区别于同时代沿其他河流发展的文明，比如美索不达米亚的底格里斯河和幼发拉底河，埃及的尼罗河，以及中国的黄河。如今，考古学家根据他们于 20 世纪 20 年代在拉合尔①（Lahore）附近发现的古城哈拉帕（Harappa），更愿意把"古印度文明"称为"哈拉帕文化"。

哈拉帕文化由印度河泛滥平原上的几个早期城市中心组成（如摩亨约·达罗）。这些城市中心得益于农业、畜牧业的革新以及对西去地中海、东至印度、东北可达中亚和中国的贸易路线的控制，使得其拥有的剩余财富大量积累，哈拉帕文化迅速发展。可惜，哈拉

---

① 拉合尔，为巴基斯坦第二大城市，旁遮普省的省会。——编者注

俯瞰印度河

帕和摩亨约·达罗古城遗址不在我们的旅行日程中。我们来伊斯兰堡只是为了借机返回我们此次丝绸旅行的启程点，也就是香港。

不过我们至少已经走出大山，来到了城市——伊斯兰堡，这里是巴基斯坦首都。1947年，巴基斯坦独立之初定都南部城市——卡拉奇，即印度河注入阿拉伯海的地方。但是与印度分治以后穆斯林难民大量涌入卡拉奇，使得这个城市急剧膨胀，难以承受如此重负。由于住房短缺，公务人员只得睡在城市公园的帐篷中。巴基斯坦政府的解决办法就是在北部再建一个新首都，即在印度河流出大山、朝着麦加方向奔涌的地方。之所以在国家的北部重新选址，也与政府的军事部门总部设在拉瓦尔品第[①]（Rawalpindi）有关，而伊斯兰堡距拉瓦尔品第只有十五公里。

伊斯兰堡这个城市的总体规划较好，市内宽敞的林荫大道，感觉像是在西方国家的郊区。总之，就旅游而言，这是个乏味的城市。而拉瓦尔品第拥挤、嘈杂，市中心有好多个多姿多彩的大巴扎，唯一的例外就是兵营。品第——人们通常这样称呼它——最早就是以兵营为中心发展起来的。兵营是英国给次大陆留下的"礼物"之一。它建在城区外围，主要由军事基地中的行政勤务和宿营两部分组成。19世纪40年代，英国与锡克教徒开战时期在拉瓦尔品第建立兵营，并把它建成其在亚洲最大的基地。英军撤离后，巴基斯坦军队搬进去，拉瓦尔品第——而不是伊斯兰堡——成为巴基斯坦真正的权力中心，这一点已经不是什么秘密。所以，我们自然要住在品第。

[①] 拉瓦尔品第，位于巴基斯坦东北部，现为武装部队总部所在地。——译者注

我们取了行李，跳上出租车，沿着机场路驶进拉瓦尔品第市区，转上林荫道，经过总统府，在外形庄重却已没落的弗拉什曼酒店（Flashman's Hotel）登记住宿。一如既往，我们首先安排去往下一个目的地的交通问题，也就是去香港，然后回美国。我想家里的花花草草应该早已枯萎，该买新的了。

我和芬恩去了酒店附近的几家旅行社，他们都很愿意卖给我们机票。但是没有一家能订到近期的票，只能等到下周，可那时我估计会被老板炒鱿鱼了。突然，我想起我们在吉尔吉特的梧桐酒店看到过的一个广告牌上写着"提供顶级旅游服务，无人能比锡塔拉旅行社（Sitara Travel）"。于是我们试着联系了锡塔拉旅行社。果然，这家旅行社帮我们订到了别人无法订到的机票。具有讽刺意味的是，它还从巴基斯坦航空公司包了一架波音707飞机，把困在中国的巴基斯坦人运送回国，那个时候我们还在喀喇昆仑公路上穿越滑坡地带。

机票到手后，我们开始进行下一项议程：冰镇啤酒。我俩沿着马路继续前进，走进超豪华的、我们根本住不起的明珠大陆酒店（Pearl Continental Hotel）的大堂询问酒吧在何处。在那之前，我们一直靠中国白兰地度日。其实我们在罕萨谷时就已经断酒了。"对不起，先生，你们是在巴基斯坦。"酒店大堂接待员说道，"公共场所不能饮酒。回酒店自己房间里喝吧。"对巴基斯坦人来说，饮用任何酒精饮料都是违法的，而外国人只能在自己家里或酒店房间里私下饮酒。回到弗拉什曼酒店，有人指引我们到酒店的另一侧，在那里我们敲了敲窗户，这时有人打开窗，要求查看护照。然后他请我们签字登记并付款，我们就这样买到六瓶莫里啤酒（Murree Beer）。我们总觉得自己在干什么违法的事，好像还在禁酒令时期①。于是我们把啤酒装在一个棕色的纸袋中返回房间，生怕别人看见我们拿的是啤酒。一进门，我们就赶紧拉上窗帘，接着打开两瓶啤酒。酒瓶标签上写有"125年的精心酿造"。真不知道在一个饮酒违法的国家中，这样的酿酒公司是如何生存这么久的。我们并没想太多，只是为这家公司能生存下来感到高兴而已。然后我们打开电视。我们看了一个叫《纳什维尔夺标》的节目：一群英俊的土包子和大方的美女在纳什维尔②跑来跑去，希望自己在乡村音乐大赛中撞大运。也就是这个节目，让我对那些刚播出不久就遭停播的节目不再有半点狐疑了。

虽然我们已经订到了飞香港的机票，但是还有一天的时间要消磨掉。我们不可能只坐在房间里喝着啤酒看着电视。那种情况一个晚上就足够了。我们得出门看看，反正我们也不用走太远。城外大干道公路（the Grand Trunk Road）上的古王国犍陀罗（Gandhara）的首都——王舍城就是个不错的地方。

你可能对"大干道公路"这个称呼有点陌生。它具有两千年的历史，印度人和英国人把它用做加尔各答和喀布尔之间的军事运输要道。鲁德亚德·吉卜林③把它称为"印度的脊梁"，并把它喻为这样一条河："这是一条世界上独一无二的生命之河，它笔直奔流

---

① 禁酒令时期，指美国1919年—1933年间的禁酒令时期。——译者注
② 纳什维尔，美国田纳西州首府，是美国乡村音乐的发源地，现已成为乡村音乐的代名词。——译者注
③ 鲁德亚德·吉卜林，英国小说家、作家，他长期生活在印度，1907年获诺贝尔文学奖。——译者注

二千四百多公里，承载着各个阶层的人们以及形形色色的交通"。

第二天早上，我们把剩下的两瓶啤酒藏好，以免被女服务员发现，然后让门卫叫了一辆车把我们送到塔克西拉（Taxila）。塔克西拉就是犍陀罗都城王舍城的所在地，犍陀罗一度控制着发源于喀喇昆仑山、漫上平原的印度河两岸地区。犍陀罗基本上就是今日巴基斯坦的古代版。它横跨几条贸易要道，其中包括连接印度与中亚及地中海之间的要道。古都塔克西拉就在拉瓦尔品第的西边，我们现在正疾驰在大干道公路上向那里赶去。

出城以后，前方道路直接通往马尔加拉山区（Margalla Hills），并穿过马尔加拉山口。马尔加拉山口并不雄伟，只是穿过岩石的一条短狭的通道。唯一值得一提的是路边一座为纪念约翰·尼克尔森而立的硕大的方尖石碑。约翰·尼克尔森是一位英国将军，他于1857年与锡克教徒作战时不幸牺牲。据旅行指南介绍，方尖石碑上刻着这样一句碑文：双方怀着同样的悲痛哀悼将军。显然，这并非毫无根据的夸大其辞：他死后，一群锡克教追随者仍自称为尼克尔森人，以表达对他的敬仰。我们并不赶时间，想停下来看看，但司机说还有更好的地方在等着我们。

刚过马尔加拉山口，车就靠路边停住，我们在一个露天棚子下歇脚喝茶。这个地方确实不错，但是也很奇怪——有桌子，却没椅子，取而代之的是折叠床。折叠床上没有垫子，而是用绳索编成的。卡车司机们就在此歇歇脚、睡一觉，消除从阿富汗到印度一路奔波的疲惫，此时棚里已有六七位司机正处于不同程度的睡眠或昏沉状态。摊主不仅提供茶水，还提供印度大麻。当然，大麻是违法的，但司机说马尔加拉山口不在政府控制之下，人们高兴干啥就干啥。自然，我们选的是茶水。

在这里喝茶，我们自然遵循次大陆最流行的加奶和糖的做法。司机说16世纪巴布尔[①]（Babur）入侵印度时就是从这里进入的。巴布尔的血管里流淌着帖木儿皇族的血液，我和芬恩在伊宁曾经参拜过帖木儿的陵墓。14世纪末，帖木儿从位于乌兹别克斯坦的家乡挥师南下，在印度大肆屠戮，巴布尔也决心效法祖先，尤其当他被乌兹别克同胞逐出王国时。巴布尔年仅二十一岁便夺取了喀布尔，然后经马尔加拉山口（就是我们正在喝茶的地方）东征进入旁遮普，横扫整个印度。上千只大象组成的骑军在他的炮火面前不堪一击。对，就是炮火，那是印度北部的人第一次见识这种武器。巴布尔由此开创了次大陆历史上最辉煌的时期——莫卧儿王朝。巴布尔不仅是一个征服者，还是个作家，他在自传中明确表达了自己对祖国的思念。他在书中这样写道："印度是个没什么魅力的国家。人们长相平平；无贤能，无规矩，无良驹，无忠犬，无葡萄、香瓜等鲜果，无冰水，无可口的面包，也无热洗澡水。但这里却有成堆的金银。"很不幸，这些金银财宝他没能享用多久。由于儿子病倒，巴布尔向安拉祈求舍命换子。他的愿望得到了满足：巴布尔死了，他的儿子康复了。可是他的儿子被迫把帝国控制权交给了叛乱酋长舍尔沙（Sher Shah）。舍尔沙开始进行一项宏大的修建工程，其中就包括大干道的主要路段，我们刚刚还在那里喝过一壶茶。

[①] 巴布尔，帖木儿帝国的后裔，他于1526年入侵印度，并建立了莫卧儿王朝。——译者注

和司机一起歇脚喝茶

五年后，舍尔沙去世，巴布尔的儿子恢复王位。但是他重新掌权后不到七个月便从图书馆的楼梯上摔下，折断了脖子。巴布尔的孙子阿克巴（Akbar）继位。阿克巴是次大陆历史上最伟大的统治者之一。他具有雄才大智，常常深入乡村微服私访。

一次，他在微服私访中听到一首歌，唱的是马尔瓦（Malwa）国王巴兹·巴哈杜尔（Baz Bahadur）后宫中一个名叫"茹普玛蒂"（Rupmati）的女人。阿克巴被歌词深深打动，出于嫉妒，他派军攻打巴兹·巴哈杜尔。巴哈杜尔战败后仓皇逃命。与此同时，阿克巴的士兵攻进巴哈杜尔的宫廷，可惜他们只看到美丽的茹普玛蒂吞下一瓶毒药自尽。阿克巴为此伤心欲绝。浪漫似乎在莫卧儿皇帝的生活中占据了很重要的位置。阿克巴的孙子不就深爱他众多妻妾中的一个，还专门为她建造了泰姬陵吗？

有人想再来点茶吗？因为到现在为止我还有一个关于巴基斯坦来历的故事没讲呢。

巴基斯坦的产生与居住在次大陆上的穆斯林和印度教徒之间的互不信任和互相压迫有着紧密的关系。7 世纪穆罕默德去世后不久，伊斯兰教传入印度，但直到巴布尔于 16 世纪建立莫卧儿王朝后，穆斯林统治者才控制了次大陆的大部分地区，由此保证他们信仰的伊斯兰教在全国各地及各个阶层之间传播。从那以后，宗教被争权夺利的人用作网罗支持的工具。双方都各自指证无数的屠杀和恶行，这种情况一直持续至今。

后来，有人致力于建立一个独立的伊斯兰国家，而不是一个统一的印度，穆罕默德·阿里·真纳（Mohammed Ali Jinnah）就是其中之一。最初,真纳与甘地合作,争取从英国独立。但是真纳不久便意识到,无论甘地还是其他任何印度教政客都不愿保证穆斯林在独立的新印度国家中公平地分享权利。当甘地的国大党拒绝让真纳的穆斯林联盟加入新成立的政府,同时从英国手中接管政权时,暴乱发生了。在加尔各答,三天之内有五千人丧命。当时负责交接政权的蒙巴顿总督为了尽快制止进一步的流血事件便把巴基斯坦(Pakistan)分给了真纳。其中,"P"代表北部的旁遮普省,"A"代表阿富汗,"K"代表克什米尔,"S"代表南部的信德省,而"Stan"在波斯语中的意思为"土地、国家"。这些字母合起来,在乌尔都语中的意思为"纯真之国"。

说到这里,我们的茶也品完了。我和芬恩起身离开,经过几十个卡车司机身旁。他们的卡车就停在外边,这是我们第一次有机会近距离地观察这些艺术作品。像我们这样的外国旅游者,从机场去宾馆的路上最先注意到的就是每一辆类似流动的展览馆的车辆。卡车、巴士、出租车,甚至人力车都涂得花花绿绿,从头到脚挂满了饰物。我估计,希罗尼穆斯·波希[①]被迫重返人间,现在正生活、工作在巴基斯坦为他的荒诞派画作赎罪。

巴基斯坦的汽车艺术家们以你能想象到的各种事物为主题:自然景观、农田风光、电影场景、穆罕默德的生平,尤其值得称赞的是他骑在半人半马的动物翅膀上升天的情景。除了把汽车的外表涂满画作之外,司机还在他们的心爱之物上装饰着叮当作响的锡链、

---

① 希罗尼穆斯·波希(1450—1516),荷兰宗教画家,被誉为"现代绘画的始祖。"——译者注

充满艺术气息的卡车

塑料花、挡泥帘等奇幻的小东西，以及各种材质、颜色和形状的印花布。你可以想象一下，假如这里发生一场车祸，那该对艺术界造成多么大的损失啊。

说话间，我们又坐在平淡无奇的丰田轿车里再次踏上征程。好在我们不用走多远，从宾馆出发，在马尔加拉山口停下来喝茶回顾巴基斯坦历史后一个小时多一点的时间，我们来到了位于塔克西拉的古城遗址。

塔克西拉曾是犍陀罗古王国的都城，历任统治者中有雅利安人、波斯人、希腊人、印度人、斯基泰人、帕提亚人、贵霜人[①]，最后是匈奴人，公元15世纪匈奴人把犍陀罗王国丢进了历史的垃圾箱。它在垃圾箱里一直待到20世纪上半叶，直到英国人约翰·休伯特·马歇尔开始了一系列挖掘工作之后才使得塔克西拉成为全亚洲最重要的考古遗址之一。

据印度教《罗摩衍那》记载，犍陀罗王国为罗摩[②]（Rama）的弟弟婆罗多（Bharata）所建，塔克西拉由婆罗多的儿子——蛇王子塔克沙（Taksha）所建，这样算起来大约应该在公元前2000年左右。但耆那教徒认为他们的宗教创始人利沙巴（Rishabha）几百万年前就到访过这个城市。

马歇尔认为，挖掘中发现的强有力的事实揭示了更加合情合理

[①] 贵霜人，原是居住在蒙古高原西部的游牧民族，我国古籍称为"大月氏"。——编者注

[②] 罗摩，印度史诗《罗摩衍那》中的男主人公，后为印度教崇奉的神。——编者注

塔克西拉古城遗址 1

塔克西拉古城遗址 2

塔克西拉古城遗址 3

的真相。迄今发掘的年代最久远的文物可以追溯到公元前6世纪，那时犍陀罗王国沦为波斯的附属国，被纳入波斯帝国的东部版图。在公元前4世纪亚历山大大帝征服波斯之前，犍陀罗王国一直属于波斯领土。为了巩固对整个波斯领土的占领，亚历山大于公元前326年率军驻扎在塔克西拉，并在此举办日常的希腊献祭仪式和运动会，当然也享受着他的蜜月。他新娶的妻子就是大夏国美女罗克珊娜（Roxanne）。

据早期传记作家记载，罗克珊娜是全亚洲最漂亮的女人之一，但是她还没有美到能令亚历山大忘记他征服世界的使命。亚历山大曾宣称要征服已知世界，虽然不包括中国，但却包括印度。在塔克西拉短暂停留后，亚历山大继续东征——虽然并未持续太久。闻听手下士兵要发动兵变，他不得不打道回府，并留下部分希腊军官治理新征服的领土，自己带大部队动身返回希腊。

亚历山大留下的军官也没有在塔克西拉待多久。自亚历山大启程回国四年后，年仅二十一岁的孔雀王朝[①]的开创者旃陀罗笈多（Chandragupta）登上了位于恒河中游的摩揭陀王国（Magadha）的王位。真可惜他没能遇见亚历山大。他们有太多共同之处，但却代表着世界上两种截然不同的文明。与亚历山大东征过程中在地中海地区和小亚细亚的所作所为相同，旃陀罗笈多在西征途中征服了一个又一个王国，直到拥有次大陆的整个北半部地区。这样，旃陀罗笈多把帝国扩展到了今伊朗边境，当时由希腊将军西流古·尼卡陀

[①] 孔雀王朝，是古印度摩揭陀国著名的奴隶制王朝。因其创造者旃陀罗笈多（月护王）出身于一个饲养孔雀的家族而得名。——编者注

（Seleucus Nicator）统治。为了守卫新帝国边疆，抵御尼卡陀，旃陀罗笈多非常看重塔克西拉，其地位仅次于他的都城巴特那。他任命自己的孙子阿育王为驻守塔克西拉的总督。

在完成了俗世间的伟业后，旃陀罗笈多皈依耆那教，将王位让给儿子，化身为一个苦行者。他与师傅一起前往印度南部，最终以正统耆那教的方式（绝食）结束了自己的生命。与此同时，他的儿子把孔雀王朝帝国边境扩张到了次大陆的南半部，而他的孙子阿育王则首次完成了统一整个印度次大陆的伟绩。

和其祖父一样，阿育王在杀戮了上千万的生灵后也转而皈依宗教。他为自己因征讨而犯下的弥天大罪痛悔不已。不同的是，他成为佛教徒，并尽其余生在全国各地及其他国家宣扬佛法，修建了几千座供奉佛陀舍利的佛塔。

在丝路之行的第一天，我和芬恩曾拜访了西安西边一百公里处的法门寺。几年前，工人们在寺里坍塌的佛塔中发现了一个盛有佛指舍利的小匣子。那就是阿育王送给中国皇帝的礼物。公元前3世纪，阿育王统一印度后为了弘扬佛法，将佛的舍利分送世界各国建塔供奉。此时中国实际上尚处于周朝时期。然而，虽然佛指早就到了中国，但佛祖的教法直到几百年后才影响中国。颇有讽刺意味的是，当佛教在中国开始兴盛时，在其中起重要作用的却是塔克西拉和犍陀罗王国。然而中国人所信仰的并非正统的佛教。阿育王死后不久，犍陀罗成为希腊王国的领土，塔克西拉成为佛教一个新的派别（大乘佛教）的主要学术中心。这个新的大乘佛教分支正是从塔克西拉经中亚传入中国。我们的丝路之行正是一路循着中国高僧玄奘所走的路线。玄奘于 7 世纪抵达犍陀罗王国，他在此见到了一千多座寺院。如今其中许多寺院的遗址仍清晰可辨。

在前往这些遗址之前，我和芬恩先从收藏了 20 世纪上半叶约翰·马歇尔在塔克西拉发掘出的大量文物的博物馆开始。我们似乎是误打误撞地进入了一座雅典博物馆。不过没错，塔克西拉确实是东西方交会的地方。

大约在大乘佛教在印度开始发展的同一时期，孔雀王朝帝国的西北疆域落入了希腊或与希腊有关联的统治者之手。当佛教开始沿着中亚丝绸之路向中国传播时，传入中国的其实是带有希腊风格的塔克西拉佛教艺术。佛像的最早表现其实出现在塔克西拉和犍陀罗。在此之前，佛教徒崇拜的是佛祖在其树荫下觉悟的菩提树，或是代表佛祖涅槃进入极乐世界的一串脚印。而在塔克西拉，佛祖又变身成人。

塔克西拉还是印度和波斯文化艺术传入中国的通道。无论是音乐、艺术、还是宗教，这些都来自犍陀罗及其首都塔克西拉这个位于次大陆，融合了印度、波斯，甚至希腊文化的世界大都会。

除了这座小而精致的博物馆，我们还参观了附近山丘上的几处遗址，行走穿梭于塔克西拉的各种化身之间：第一个遗址是皮尔丘（Bhir），此遗址距博物馆几百米；然后是两公里外的锡尔苏克遗址（Sirsukh），这里是 15 世纪匈奴人终结塔克西拉的地方；最后是莫赫拉莫拉都寺院遗址（Mohra Moradu），这里逃过了匈奴的劫掠，至今仍保存着亚洲最完好的佛塔。

我们到访时恰逢雨季刚刚结束，所有的遗址周围青草如茵，间或见到一堆标示这里曾经有过一座寺庙或佛塔的碎石瓦砾。我们见到的最大一处废墟是公元前3世纪阿育王在佛陀的舍利上建造的法王塔（Dharmarajika Stupa）。

站在佛塔前，我们这才意识到已经走到了丝绸之路（陆路）的尽头。我们从中国的古都长安出发，横穿整个中亚，现在已经抵达印度西北部的古都塔克西拉，两千年前佛教正是从这里启程沿着丝绸之路一路传入中国。

于是，祭拜过佛祖，我们从马尔加拉山口返回拉瓦尔品第，开始收拾行装准备回国。

当然，不买点东西带回家，并以此作为一路上快乐和辛苦的见证，旅途就算不上完整。所以我们去了酒店后面的一家地毯商店。这里汇集了来自世界各地的地毯：中国、伊朗、俄罗斯以及阿富汗等地。我对阿富汗地毯情有独钟，尤其是那些新到的带有武装直升机、坦克、榴弹炮等图案，以及各种开伯尔山口[①]（Khyber Pass）那边流行图案的地毯。但是，最终我还是挑了一件传统的、颇具艺术气息的、缀满花朵图案的红色骆驼毛地毯。我挑了件红色的，以免将来被客人撒上葡萄酒。地毯的尺寸大小也正好——1.8m×1.2m，刚好能坐下几个人听我们讲述伟大的丝路之行。

我和芬恩不太确定我们能记住哪些事情。但毫无疑问，我们会从西安这一中国历史上建都朝代最多的都城开始讲起；然后，我们穿过秦始皇陵和佛塔；当然，我们还会生病；然后，我们参观佛教

[①] 开伯尔山口，为连接阿富汗与巴基斯坦的重要山口，自古至今为南亚与中亚的重要商贸线。——编者注

法王塔

洞窟中那些无头雕像和失去了双眼的画像；接着，我们走入沙漠，品尝葡萄，观看维吾尔舞蹈；后来，我们骑着哈萨克族的骏马在天山上驰骋，还坐了记不清多少次的汽车；我们在红其拉甫山口穿越巨石阵，在香格里拉放松休整；我们在塔克西拉拜佛，买地毯回家。当我们的朋友来访时，我们就坐在"魔毯"上，念一句咒语，"魔毯"就会随时带我们一起飞回到丝绸之路。